Rudolf Stertenbrink

Weisheit aus dem Bauch

Rudolf Stertenbrink

Weisheit aus dem Bauch

Jeder erlebt Jonas Geschichte

Herder
Freiburg · Basel · Wien

Alle Rechte vorbehalten – Printed in Germany
© Verlag Herder Freiburg im Breisgau 1992
Herstellung: Freiburger Graphische Betriebe 1992
ISBN 3-451-22644-8

INHALT

Drittes Kapitel
Stirb, damit du lebst

Viertes Kapitel
Gott nimmt uns in seine Schule

Anhang

Das Buch Jona

Erstes Kapitel

Rascher als der fliehende Mensch ist Gottes Liebe

[1]Das Wort des Herrn erging an Jona, den Sohn Amittais. Es lautete: [2]„Mache dich auf, und geh nach Ninive, der großen Stadt, und predige wider sie; denn ihre Bosheit ist zu mir heraufgedrungen." [3]Da machte sich Jona auf, um nach Tarschisch zu fliehen, weg vom Herrn. Er ging nach Jafo hinab. Dort fand er ein Schiff, das nach Tarschisch fuhr. Er zahlte den Fahrpreis und ging hinunter, um mit ihnen nach Tarschisch zu fahren, weg vom Herrn.

[4]Der Herr aber warf einen heftigen Sturm auf das Meer. Es entstand ein hoher Wellengang, so daß das Schiff auseinanderzubrechen drohte. [5]Da gerieten die Seeleute in Furcht. Ein jeder schrie zu seinem Gott. Sie warfen die Ladung, die im Schiff war, ins Meer, um es davon zu entlasten. Jona aber war ins Unterste des Schiffes hinabgestiegen, hatte sich hingelegt und schlief tief. [6]Da kam der Kapitän zu ihm und sagte: „Wie kannst du schlafen? Auf, rufe zu deinem Gott! Vielleicht denkt dieser Gott an uns, so daß wir nicht zugrunde gehen."

[7]Dann sagten sie zueinander: „Kommt, wir wollen die Lose werfen, um zu erfahren, an wem es liegt, daß uns dieses Unglück trifft." Sie warfen die Lose, und das Los fiel auf Jona. [8]Da sprachen sie zu ihm: „Sage uns doch, warum uns dieses Unglück trifft? Was ist dein Beruf? Wo kommst du her? Aus welchem Land bist du, und zu welchem Volk gehörst du?" [9]Er sagte ihnen: „Ich bin ein Hebräer und fürchte Jahwe, den Gott des Himmels, der das Meer und das Festland gemacht hat." [10]Da gerieten die Männer in große Furcht und sprachen zu ihm: „Was hast du da getan?" Die Männer hatten nämlich erfahren, daß er auf der Flucht war, weg vom Herrn; denn er hatte es ihnen mitgeteilt. [11]Da sagten sie zu ihm: „Was sollen wir mit dir machen, damit das Meer uns in Ruhe läßt?" Denn das Meer tobte immer heftiger. [12]Er antwortete ihnen: „Nehmt mich und werft mich ins Meer. Dann wird das Meer euch in Ruhe lassen; denn ich weiß, daß meinetwegen dieser gewaltige Sturm über euch gekommen ist."

[13]Aber die Männer legten sich in die Ruder, um wieder ans Festland zu kommen. Doch sie vermochten es nicht; denn das Meer stürmte immer stärker gegen sie an. [14]Da riefen sie zum Herrn und sagten: „Ach Herr, laß uns doch nicht zugrunde gehen wegen des Lebens dieses Mannes und bringe nicht unschuldiges Blut über uns. Denn du bist der Herr; wie es dir gefällt, so handelst du." [15]Und sie nahmen Jona und warfen ihn ins Meer. Und das Meer ließ ab von seiner Wut. [16]Die Männer aber gerieten in große Furcht vor dem Herrn. Sie brachten dem Herrn ein Opfer dar und machten Gelübde.

ZWEITES KAPITEL

ERST WENN WIR UNS DEM DUNKEL STELLEN, WIRD UNS DER SCHRITT INS LICHT GESCHENKT

¹Der Herr aber bestimmte einen großen Fisch, Jona zu verschlingen. Jona war drei Tage und drei Nächte im Bauch des Fisches. ²Da betete Jona zum Herrn, seinem Gott, aus dem Bauch des Fisches ³und sprach:

„In meiner Bedrängnis rief ich zum Herrn,
und er hat mich erhört.
Aus dem Bauch der Unterwelt schrie ich um Hilfe,
und du hörtest meine Stimme.
⁴Du warfst mich in die Tiefe der Meere,
so daß mich die Fluten umschlossen.
Alle deine Wogen und Wellen gingen über mich hin.
⁵Da sprach ich: Verstoßen bin ich aus deinen Augen.
Wie kann ich je wieder deinen Tempel schauen?
⁶Wasser umschlossen mich bis an die Kehle,
das Urmeer umfing mich.
Schilf umschlang meinen Kopf
⁷an den tiefsten Gründen der Berge.
Hinabgestiegen war ich in das Land,
das seine Riegel hinter mir für immer schloß.
Doch du hast mein Leben aus dem Grab herausgeholt,
Herr, mein Gott!
⁸Als mein Leben zu Ende ging, dachte ich an den Herrn;
so drang mein Gebet zu dir, zu deinem heiligen Tempel.

⁹*Die sich an trügerische Nichtigkeiten halten,*
verlassen den, der ihre Liebe ist.
¹⁰*Doch ich will dir mit lautem Danklied Opfer darbrin-*
gen. Was ich gelobt habe, will ich erfüllen. Vom Herrn
kommt die Rettung."

¹¹*Hierauf gebot der Herr dem Fisch, und dieser spie Jona*
ans Festland.

Drittes Kapitel

Stirb, damit du lebst

¹*Darauf erging das Wort des Herrn zum zweiten Mal an*
Jona. Es lautete: ²*"Mache dich auf, und geh nach Ninive,*
der großen Stadt, und predige ihr die Botschaft, die ich dir
sagen werde!" ³*Da machte sich Jona auf und ging nach*
Ninive, gemäß dem Wort des Herrn. Ninive war eine
große Stadt vor Gott, drei Tagereisen groß. ⁴*Da begann*
Jona, eine Tagereise in die Stadt hineinzugehen. Dann
predigte er und sprach: "Noch vierzig Tage, und Ninive
ist vernichtet."

⁵*Und die Leute von Ninive glaubten Gott. Sie riefen ein*
Fasten aus, und alle, vom Größten bis zum Kleinsten, zo-
gen Sackkleider an. ⁶*Und als die Nachricht davon den*
König von Ninive erreichte, erhob er sich von seinem
Thron, warf sein Herrschergewand von sich, zog ein Sack-

kleid an und setzte sich in die Asche. [7]Dann ließ er in Ninive als Erlaß des Königs und seiner Großen ausrufen: „Menschen und Tiere, Rinder und Kleinvieh sollen nichts essen, nicht weiden und kein Wasser trinken. [8]Sie sollen sich in Sackkleider hüllen, Menschen und Tiere, und sollen mit aller Kraft zu Gott rufen. Und jeder einzelne soll umkehren von seinem bösen Weg und von dem Unrecht, das an seinen Händen klebt. [9]Wer weiß, vielleicht reut es Gott noch einmal, und er kehrt um von seinem glühenden Zorn, so daß wir nicht zugrunde gehen." [10]Und Gott sah ihre Taten, wie sie von ihrem bösen Weg umkehrten. Da reute Gott das Unheil, das er ihnen angesagt hatte, und er ließ es nicht hereinbrechen.

VIERTES KAPITEL

GOTT NIMMT UNS IN SEINE SCHULE

[1]Das aber mißfiel Jona sehr, und er wurde zornig. [2]Er rief zum Herrn und sagte: „Ach Herr, war es nicht das, was ich sagte, als ich noch in meiner Heimat war? Deshalb wollte ich zuvorkommen, indem ich nach Tarschisch floh; denn ich wußte, daß du ein gnädiger und barmherziger Gott bist, langmütig und reich an Güte, den das Unheil reut. [3]Darum nimm nun mein Leben von mir, Herr! Denn sterben ist besser für mich als leben." [4]Aber der Herr erwiderte: „Ist es recht von dir, daß du zornig bist?" [5]Jona aber ging zur Stadt hinaus und ließ sich östlich der Stadt nie-

der. Dort machte er sich eine Laubhütte und setzte sich in ihren Schatten, um zu sehen, was der Stadt widerfahren werde.

⁶Da ließ Gott, der Herr, eine Rizinusstaude wachsen. Sie wuchs über Jona empor, um seinem Kopf Schatten zu geben und ihn von seinem Unmut zu befreien. Jona hatte große Freude an der Rizinusstaude. ⁷Als aber das erste Morgenlicht am folgenden Tag aufstieg, bestimmte Gott einen Wurm, der die Rizinusstaude stach, so daß sie verwelkte. ⁸Als dann die Sonne aufging, schickte Gott einen heißen Ostwind. Die Sonne stach Jona auf den Kopf, so daß er ohnmächtig wurde. Da wünschte er sich den Tod und sagte: „Sterben ist besser für mich als leben." ⁹Da sagte Gott zu Jona: „Ist es recht, daß du wegen der Rizinusstaude zornig bist?" Er antwortete: „Es ist recht, daß ich bis in den Tod zornig bin." ¹⁰Da erwiderte der Herr: „Du hast Mitleid mit der Rizinusstaude, um die du dich nicht gemüht und die du nicht aufgezogen hast, die innerhalb einer Nacht entstanden und innerhalb einer Nacht vergangen ist. ¹¹Und ich sollte kein Mitleid haben mit Ninive, der großen Stadt, in der mehr als hundertzwanzigtausend Menschen leben, die nicht zwischen rechts und links zu unterscheiden wissen, und dazu so viele Tiere?"

Wenn du einmal recht mutlos und
niedergeschlagen bist, dann denk
an Jona: Er kam sogar aus dem Bauch
des Walfisches heraus.
Franz von Sales

Der Titel dieses Buches mag verwundern. Der Sitz der Weisheit, so könnte man sagen, ist das Herz, nicht aber der Bauch. Außerdem verbinden sich in uns mit diesem Wort eigentümliche Vorstellungen. Der Bauch erscheint uns als Bild für eine materialistische Lebenseinstellung, die letztlich auf die niederen Triebe ausgerichtet ist. Unter diesem Gesichtspunkt spricht der Apostel Paulus von denen, die nur Irdisches im Sinn haben: „Ihr Gott ist der Bauch" (Phil 3,19).

Doch damit ist noch nicht alles gesagt. Immer wieder hört man von Führungskräften, sie träfen ihre Entscheidungen „aus dem Bauch". Mit dieser Redeweise wollen sie zum Ausdruck bringen, daß sie ihrem Gefühl folgen. Sie wissen, „daß die Rechnung des Lebens nie glatt aufgeht und immer ein unaufhebbarer Rest bleibt, auf den es gerade ankommt" (Walter Nigg). In Abänderung eines bekannten Wortes von Blaise Pascal können wir sagen: „Das Gefühl hat seine Vernunft, die der Verstand nicht kennt. Das weiß man aus tausend Beispielen." So kann es sein, daß bei einem Vorstellungsgespräch ein Bewerber einen recht guten

Eindruck macht, und trotzdem hat der Personal-
chef „ein ungutes Gefühl im Bauch", das sich alsbald bestätigt.

Dennoch zeigt die Erfahrung, daß es nicht ratsam ist, Entscheidungen ausschließlich auf diese
Weise zu treffen. Mannigfaltige Umfragen haben
erbracht, daß diejenigen der Wahrheit am nächsten kommen, die sich auf ihr Gefühl verlassen,
das Ergebnis aber mit anderen beraten. Demnach
ist der Bauch der Sitz für das Gefühl, das uns er-
spüren läßt, was geht und was nicht geht.

Schließlich ist der Bauch ein Symbol für das,
was das werdende und heranreifende Leben
schützend umgibt und ihm Wärme und Geborgenheit verleiht. Er ist aber auch Symbol für alles,
was uns vereinnahmen, verschlucken und gefan-
gennehmen kann wie Leid, Schuld und Tod. Welche Erfahrungen und Erkenntnisse vermitteln sich
uns in solchen Situationen? Mit dieser Frage sind
wir beim alttestamentlichen Buch „Jona".

Hier von einem Buch zu sprechen, ist gewiß
eine Übertreibung. Denn das ganze Buch besteht
aus einer Erzählung von nur wenigen Seiten. Damit ist es eines der kürzesten Bücher des Alten Te-
staments. Der Autor ist unter den Schriftgelehrten
des 4. bis 3. Jahrhunderts v. Chr. zu suchen.

Den Gott des Jona muß man gern haben. Ihm
kann man sich bedenkenlos anvertrauen. Schaut
man näher hin, so muß man sagen: In dieser Erzählung geht es letztlich gar nicht um die Ge-

schichte des Jona, sondern um die Geschichte des
liebenden Gottes mit seinem psychologisch sehr
komplizierten Propheten. Sie gehört zum Tiefsten
und Schönsten, zum Kunstvollsten und Köstlich-
sten, was je über Gott und den Menschen geschrieben worden ist. Daher ist es nicht verwunderlich, daß sie unzählige Male erzählt, gemalt
oder in Stein gehauen wurde.

Jona ist einer der vier Propheten, auf deren Wirken Jesus Bezug genommen hat. Die drei anderen
sind Elija, Elischa und Jesaja. Wie bedeutsam die
Jona-Geschichte für Jesus war, zeigt sich daran,
daß er sie mit seinem Leben und Sterben, mit seinem Tod und seiner Auferstehung in Verbindung
gebracht hat (Mt 12,38–42).

„Jona", dieser Name des uns interessierenden
Propheten, heißt in seiner Übersetzung „Taube".
In seinem Kommentar zum Buch Jona hebt Hans
Walter Wolff hervor, daß es im Alten Testament
etwa vierzig Tiernamen als Menschennamen gibt.
Meist haben sie keine schmeichelhafte Bedeutung. Es sind Namen wie etwa „Floh", „Schwein"
oder „Maulwurf". „Mit einer Taube verglich schon
Hosea sein Volk (7,11): ,Ephraim ist einer Taube
gleich, die sich verleiten läßt, ohne Verstand;
Ägypten rufen sie, nach Assur laufen sie.' So ist
Jona: Nach Ninive soll er, nach Tarschisch will
er ... So mochte unser Didaktor schon im Namen
anklingen lassen, daß sein ,Held' ein Flatter-
geist ... und doch ein Sohn der Treue Jahwes ist."

Wenn die biblischen Schriftsteller Menschen nicht selten mit Tiernamen in Zusammenhang bringen, so stellt sich die Frage, mit welchem Tier wir uns selbst vergleichen würden, um tieferen Aufschluß über unsere Eigenart zu gewinnen.

Damit deutet sich an: Wer sich auf diese Erzählung einläßt, der erkennt, daß Jona eine Gestalt ist, die uns allen zum Verwechseln ähnlich sieht. Das ist es, was die Jona-Geschichte zu einer echten Lehr-Erzählung macht. Sie beschreibt in anschaulicher Weise, wie man in eine Lebenskrise gerät und sich in ihr zu verhalten pflegt. Zugleich aber weist sie uns den Weg, auf dem man aus einer solchen Krise gereift und gestärkt hervorzugehen vermag. Deshalb zählt die Jona-Geschichte zu den wertvollsten literarischen Schöpfungen der Bibel; in ihr wird eine Fülle von Erfahrungen und Entdeckungen sichtbar, die uns allen tief vertraut sind. Hinzugefügt sei, daß das Buch Jona das einzige humoristische Stück im Alten Testament ist. Mit liebevoller Überlegenheit vermittelt es uns die wichtigsten religiösen Wahrheiten.

Vom Buch Hiob schreibt Sören Kierkegaard: „Ich lese ihn nicht, wie man ein anderes Buch ... liest, sondern ich lege dieses Buch gleichsam auf mein Herz und lese es mit den Augen des Herzens." Dasselbe kann man vom Buch Jona sagen. Nur wer dieses Buch auf sein Herz legt und es mit den Augen des Herzens liest, wird es verstehen. Nur ihm wird es sich in seinen Tiefen erschließen.

Erstes Kapitel

Rascher als der fliehende Mensch ist Gottes Liebe

Das Wort Gottes geschieht an Jona

Das Wort des Herrn erging an Jona, den Sohn Amittais.

1,1

„Ruf mal wieder an ...!" So lesen wir zuweilen an Telefonhäuschen hierzulande. Wenn diese Einladung auch nicht so absichtslos ist, wie sie dort in Erscheinung tritt, so kann sie doch zu etwas Gutem führen: „Sag dem anderen wieder mal ein gutes Wort!" Warum? Ein gutes Wort ist wie ein Sonnenstrahl. Jeder weiß, wie sehr bereits ein einziger Sonnenstrahl die Seele eines Menschen erhellen kann.

Und wenn schon einmal die Rede vom Telefon ist: Wissen Sie, wer das Telefon erfunden hat? Am 9. März 1876 wurde es Alexander Graham Bell aus Edinburgh patentiert. Seine ersten Worte, die er seinem Assistenten Thomas Watson übermittelte, war die Bitte: „Watson, kommen Sie, ich brauche Sie!" Dieser Anruf klingt wie der Anfang einer Berufungsgeschichte.

„Watson ...!" Gewöhnlich beginnt jeder Anruf damit, daß man uns bei unserem Namen nennt.

Martin Buber vermutet, der Name sei die älteste Wortform überhaupt gewesen.

Wie oft hören wir unseren Namen! Und immer wieder hören wir ihn anders, weil es immer ein anderer ist, der uns beim Namen ruft. Manchmal klingt er wie eine Nummer; vor allem dann, wenn wir dem anderen gleichgültig sind. Zuweilen aber vernehmen wir aus dem freundlichen und gütigen Klang, mit dem man uns beim Namen ruft, ein persönliches, wohlwollendes Interesse. Dann horchen wir auf. Dann leben wir auf. Dann bekommen wir Mut. Dann gerät etwas in uns in Bewegung. Dann machen wir uns auf den Weg.

Wie vieles gibt es doch in jedem Menschen, das noch nie angesprochen wurde und deshalb noch nicht zum Leben erwachen konnte! Wer aber vermag das Letzte und Tiefste in uns anzurühren? Das kann Gott allein, weil nur seine Liebe den Weg zu unserem innersten Geheimnis findet. Daher ist es gut, ihm dann und wann zu sagen: „Herr, hör nicht auf, mich anzurufen; denn in mir gibt es so vieles, das noch nie angesprochen worden ist."

Es sind also nicht nur Menschen, die uns anrufen. Gott tut es auch. Durch seinen Ruf sind wir in diese Welt gekommen. Warum aber hat er gerade uns gerufen? Er tat es, weil er gerade uns braucht. Er braucht uns in dieser Zeit, aber auch in seiner Ewigkeit. Warum also sterben die Menschen? Sie sterben, weil Gott sie auch und vor allem in seiner Ewigkeit braucht. Dabei ist es gut zu wissen, daß

er uns nicht anders brauchen kann, als wie wir
sind. „Watson, kommen Sie, ich brauche Sie!" So
persönlich und konkret ist auch der Anruf Gottes.

Damit sind wir jenem Gott nahegekommen, der
den Propheten Jona angerufen hat. Warum ausgerechnet Jona? Weil er für sein Vorhaben nur Jona
brauchen konnte. Darauf werden wir an späterer
Stelle zurückkommen. Hier sei dazu nur gesagt:
Vor allem das Buch Jona macht deutlich, wie liebevoll und geduldig Gott auf jeden Menschen und
seine Eigenart eingeht, um ihn in seinen Dienst zu
nehmen.

„Das Wort des Herrn erging an Jona, den Sohn
Amittais" (1,1). So beginnt die Jona-Geschichte.
Dieses Wort erging an Jona natürlich nicht per Telefon. Gott braucht kein Telefon. Oder sagen wir
es genauer: Alles ist für Gott ein Telefon und das
deshalb, weil Gottes Wort in allen Dingen gegenwärtig ist. Der Evangelist Johannes nennt den
Grund: „Alles ist durch das Wort geworden, und
ohne das Wort wurde nichts, was geworden ist"
(Joh 1,3). Man muß also ein Ohr haben „für den inneren Ton in allen Dingen, in Tier und Baum und
Berg und Wolke" (R. Guardini).

Das wissen vor allem die Kinder. Für sie ist alles
du-haft. Deshalb fühlen sie sich von allem angesprochen. Dasselbe gilt für Menschen, denen eine
schwere Krankheit alle bisherige Sicherheit und
Selbstverständlichkeit genommen hat. Das sehen
wir beispielsweise an einer 35jährigen Frau. Sie

war Mutter von drei Kindern. Die Ärzte offenbarten ihr, daß sie schwer krank sei und nur noch kurze Zeit zu leben habe. Als man sie fragte, wie ihr dabei zumute sei, sagte sie: „Seither sehe ich alles mit anderen Augen. Heute wache ich jeden Morgen in dem dankbaren Gefühl auf, wenigstens an diesem Tag noch einmal meine Kinder, meine Wohnung, die Sonne sehen zu dürfen."

Wir heben dies aus zwei Gründen hervor: Einmal zeigt sich immer wieder, daß ein Mensch von Gott gerade durch den Ton in allen Dingen angesprochen, ja überwältigt werden kann. Darüber hinaus kann man sagen: Nur wer in allem und jedem Gottes Wort vernimmt, besitzt jene allgemeine Hörfähigkeit, ohne die man Gottes Anruf nicht vernimmt, wenn er ganz konkret an uns ergeht.

„Das Wort des Herrn erging an Jona" (1,1). Genauer übersetzt, lautet diese Stelle: „Das Wort des Herrn geschah an Jona." Wenn Gottes Wort an einem Menschen geschieht, dann passiert etwas; denn immer greift es in seine Lebensgeschichte ein, um sie zu verändern. Das ist es, was die Jona-Geschichte zeigen will. Wenn es aber so ist, daß wir selber Jona sind, dann heißt dies: Auch in uns will Gottes Wort wirksam werden, um durch uns in diese Welt zu kommen.

Eine kleine Geschichte aus dem alten China erzählt von einem Gartenbesitzer, der unter seinen vielen Pflanzen, Bäumen und Gewächsen am meisten einen Bambus liebte. Eines Tages sprach der Herr zu ihm: „Lieber Bambus, ich brauche dich!" Der Bambus antwortete leise: „Ich bin bereit! Gebrauche mich, wie du willst." Da schnitt der Herr ihm die Äste ab. Doch damit nicht genug. Mit zögernder Einwilligung ertrug der Bambus, wie der Herr alle inneren Hindernisse und Widerstände ausräumte. Danach verband er das eine Ende des Stammes mit einer Quelle, das andere führte er zu einer Wasserrinne. So schoß das klare, glitzernde Wasser durch den völlig durchlässig gewordenen Bambus in die Rinne und floß auf die dürren Felder, die lange darauf gewartet hatten. Dann wurde Reis gepflanzt. Die Zeit der Ernte kam, und eine unerwartet reiche Frucht wurde in die Scheunen eingefahren.

Diese Geschichte veranschaulicht, was es heißt, das Wort Gottes an sich geschehen zu lassen. Das Wort Gottes möchte uns selbstlos machen. Nur so vermag es durch uns hindurchzugehen, um dorthin zu gelangen, wohin es kommen will. Inwieweit sich Jona von Gott in dieser Weise gebrauchen ließ, das werden wir noch sehen. Hier stellt sich die Frage: Inwieweit konnte Gott bislang an mir wirksam werden? Oder anders formuliert: Inwieweit ist er durch mich bereits in diese Welt gekommen?

Wo liegt Ninive – die Stadt, um die es geht?

Mache dich auf, und geh nach Ninive, der großen Stadt, und predige wider sie; denn ihre Bosheit ist zu mir heraufgedrungen.

1,2

Ninive – was ist das für eine Stadt, um die sich alles dreht? Als Hauptstadt des Assyrerreiches hatte sie den Rang einer Weltstadt. In ihr regierte der König, der sich überheblich als „der König der Welt" verstand. Durch seine militärische Überlegenheit hatte dieses stolze Volk schon vor mehr als dreitausend Jahren das erste Weltreich begründet. Die zahlreichen Truppen waren bestens organisiert. Sie wurden von erfahrenen Befehlshabern geführt und fielen durch ihre Grausamkeit auf. Wohin sie kamen, bewirkten sie Furcht und Schrecken. Ihre Erfolge beruhten zum großen Teil auf ihren Belagerungstechniken. Dabei spielten die Belagerungsmaschinen die wichtigste Rolle. Das waren Holztürme auf Rädern, die auf Holzschienen an die Mauern einer belagerten Stadt herangerollt wurden und Bogenschützen beförderten. Zu erwähnen bleibt noch, daß sich mit ihrer gefürchteten Grausamkeit eine unersättliche Lasterhaftigkeit verband.

Doch dieses Ninive ist nicht das eigentliche Ninive. Denn als die Jona-Geschichte entstand, war diese Stadt schon längst ein öder Trümmerhaufen. Die Meder und Babylonier hatten sie im Jahre 612 v. Chr. endgültig zerstört. Sie wurde nie wieder aufgebaut. Das Ninive hingegen, von dem die Jona-Geschichte erzählt, existiert, solange es Menschen gibt. Es besteht also auch heute noch. Denn dieses Ninive liegt überall dort, wo es nicht um das Wohl des anderen, sondern um den eigenen Vorteil geht; wo der Stärkere sich über den Schwächeren erhebt, um diesen zu beherrschen oder zu beseitigen und sich an seine Stelle zu setzen; wo einer den anderen gefühlsmäßig in seine Abhängigkeit zu bringen sucht; wo Worte gebraucht werden, um andere fertigzumachen und ihm zu zeigen, wer er ist und wo er hingehört.

Ninive, das ist die Stadt oder der Betrieb, der Verein oder die Gemeinschaft, in der Mißgunst, Neid und Eifersucht umhergehen und anderen das Leben schwermachen, zuweilen unerträglich schwer. Das gesuchte Ninive liegt schließlich dort, wo Menschen versuchen, die unendliche Sehnsucht ihres Herzens „mit vergänglichen Glücksgütern zu beruhigen" (Paul M. Zulehner), und dabei alsbald das Gespür für Höheres, für Treue, Liebe, Religion oder Schuld, verlieren. So erweisen sich die Niniviten immer als diejenigen, die aus der

Geborgenheit in Gott herausgefallen sind. Daher die Frage: Ist es nicht möglich, daß Ninive in unseren Mauern liegt und wir selbst seine Bewohner sind?

Diese Hinweise möchten uns einladen, aufzuspüren, wo und wie wir selbst heute Ninive erfahren. Möglicherweise liegt es in uns selbst. Nachdenklich macht, was der Dichter Hermann Hesse schreibt: „Ich fand allen Krieg und alle Mordlust der Welt, all ihren Leichtsinn, all ihre rohe Genußsucht, all ihre Feigheit in mir selber wieder ..." Von diesem Ninive sagt die Jona-Geschichte, daß es keine Zukunft hat. Daher ergeht an Jona das Wort: „Mache dich auf, und geh nach Ninive, der großen Stadt, und predige wider sie; denn ihre Bosheit ist zu mir heraufgedrungen."

Hier könnten wir etwas Wesentliches übersehen, die Tatsache nämlich, daß Gott uns immer, auch in der schlimmsten Situation, einen guten Weg weist. So weiß Gott auch für Ninive einen guten Weg. Er klingt an in den Worten: „Predige wider sie!" „Denn das ‚Wider sie' ist jenes ‚Wider', mit dem der Feuerwehrmann den Wasserstrahl wider das Haus richtet, um es zu retten. Es ist das ‚Wider', mit dem der Bildhauer den Meißel wider den Stein richtet, um das Bild erstehen zu lassen" (Rudolf Bösinger). Wir sehen es auch daran, daß in allem, was uns zuwider ist, in einem Schmerz, einer Enttäuschung oder einer Demütigung, etwas liegt, das gut für uns ist. Überprüfen wir es in unserem persönlichen Leben! Vielleicht werden auch wir dann sagen können, was der Psalmist in die Worte faßt: „Daß ich gedemütigt wurde, war für mich gut; denn so lernte ich deine Gesetze" (119,71). Indem Gott also seinen Propheten Jona nach Ninive schickt, möchte er den Niniviten einen Weg öffnen, der sie aus ihrem billigen Scheinglück herausführt. Mit anderen Worten: Gott selbst möchte das unvergängliche Glück von Ninive werden.

Damit deutet sich die Botschaft an, die wir in das Ninive von heute zu bringen haben. Durch unsere Lebensführung sollten die Menschen erkennen, daß Gott allein die Erfüllung unseres Glücksstrebens ist. Würden uns also die Menschen fragen, warum wir so leben, dann sollten wir sagen können: Damit der nicht vergessen wird, von dem allein der Mensch im letzten und tiefsten lebt. Dazu kommen wir, wenn wir unsererseits alles Ninivitische, das es in uns gibt, also alle Unwahrheit und alles Gehässige, alle Mißgunst und Eifersucht, alles Überhebliche und Gewalttätige sowie alle unersättliche Genußsucht verlassen und Gott den ersten Platz in unserem Leben einräumen. Nur so sind wir in der Lage, ein prophetisches Leben zu führen.

Wir alle wissen, daß es in unserem Leben vieles gibt, das notwendig für uns ist: Menschen, die uns lieben; eine Arbeit, die uns Freude macht; Geld, wodurch uns manches möglich wird; Freizeit, die uns Erholung schenkt. All das ist gut. Aber es darf nicht an die erste Stelle treten. Es darf in unserem Leben nicht zum Wichtigsten werden; sonst verliert es seinen wahren Stellenwert. Es wird absolut, obwohl es doch nur relativ ist; es macht unfrei und abhängig, obwohl wir doch von Gott zur inneren Freiheit berufen sind und solch innere Freiheit das Kennzeichen eines prophetischen Lebens ist.

Gott die erste Stelle einräumen, das ist das erste der Zehn Gebote und damit das bedeutsamste. Wer dieses erste Gebot erfüllt, vermag auch alle anderen zu erfüllen und findet damit zum Glück und zum Frieden seines Lebens. Wer es nicht erfüllt, wird wahrscheinlich mit allen übrigen seine Probleme haben und der unglückliche Gefangene seiner selbst sein.

In einem alten Gesangbuch findet sich ein Lied, dessen erste Strophe wie folgt lautet:

Stern, auf den ich schaue,
Fels, auf dem ich steh',
Führer, dem ich traue,
Stab, an dem ich geh',
Brot, von dem ich lebe,
Quell, an dem ich ruh',
Ziel, das ich erstrebe:
Alles, Herr, bist Du!

Von diesem Dichter wissen wir nicht viel. Doch das wenige, das er uns in diesen Zeilen sagt, ist bedeutsamer als alles, was wir sonst noch von ihm in Erfahrung bringen können. Denn hier spricht einer, der in seinem Leben Gott an die erste Stelle setzte, wodurch er zur inneren Freiheit fand und so für viele zu einem Propheten wurde. Daher die Frage: Welchen Platz räume ich selbst in meinem Leben Gott ein?

JEDER MENSCH IST JONA

Da machte sich Jona auf, um nach Tarschisch zu fliehen, weg vom Herrn. Er ging nach Jafo hinab. Dort fand er ein Schiff, das nach Tarschisch fuhr. Er zahlte den Fahrpreis und ging hinunter, um mit ihnen nach Tarschisch zu fahren, weg vom Herrn. 1,3

Was wäre unser Leben ohne Spiegel? Bevor wir uns auf den Weg machen, schauen wir noch einmal hinein. Doch gibt es nicht nur Spiegel, in denen wir uns unmittelbar erkennen. Auch Geschichten können Spiegel sein. Je mehr wir uns in sie vertiefen, um so deutlicher kommt uns zu Bewußtsein: „Und dieser Mensch bist du!" Die Bibel ist voll von solchen „Spiegel-Geschichten". Man denke beispielsweise an jene vom Propheten Jona.

Wer war dieser Jona? Er lebte als Prophet am Hof des Königs Jerobeam II. (787–747) im Nordreich Israel (2 Kön 14,25). Mehr ist von diesem Gottesmann nicht bekannt. Aber dieser kurze Hinweis genügte dem Erzähler, um ihn zur Mittelpunktfigur seiner Geschichte zu machen. Es ging ihm ja keineswegs um die Darstellung einer historischen Persönlichkeit. Vielmehr wollte er eine Gestalt mit einem allgemein menschlichen Charakter schaffen, damit wir uns selbst in ihr erkennen können. Daher noch einmal die Frage: Wer ist dieser Jona? Er ist kein anderer als wir selbst. Mit anderen Worten: Jedermann ist Jona, jeder Mann und jede Frau. Schauen wir also näher zu.

Als Prophet sollte sich der Jona unserer Geschichte auf den Weg nach Ninive, der „Stadt ohne Gott", machen, um ihr das Strafgericht zu predigen. In gleicher Weise erging das Wort Gottes auch an Jeremia und Elija. Sie standen auf und gingen dorthin, wohin sie gehen sollten. Bei Jona sieht es zunächst so aus, als tue er dasselbe; denn wie sie machte auch er sich auf den Weg. Man sollte also meinen, daß die Erzählung mit den Worten fortfährt: „Und er ging nach Ninive gemäß dem Wort des Herrn." Denn mit keinem Wort wehrt er sich dagegen. Dann aber erfahren wir völlig unerwartet etwas ganz anderes: „Er machte sich auf, um nach Tarschisch zu fliehen, weg vom Herrn" (1,3).

Das also ist das Erstaunliche: Jona macht sich tatsächlich auf den Weg, aber er geht in die genau entgegengesetzte Richtung, um möglichst weit vom Herrn wegzukommen. Jona tut also zunächst so als ob. Dann aber verdreht er seinen Auftrag ins Gegenteil. Damit verläßt er den Weg der Wahrheit und begibt sich auf den Weg der Lüge.

Von diesem Augenblick an geht es mit ihm unaufhaltsam hinunter. Der Erzähler schildert es so: Um nach Tarschisch, der Stadt seiner Träume, zu kommen, wandert er zum Hafen von Jafo *hinunter*. Dann steigt er zum Schiff *hinab* und verkriecht sich dort in den *untersten* Raum. Schließlich landet er in den *Tiefen* des Meeres. Und dabei hatte ihn die Fahrkarte fast ein Vermögen gekostet; denn eine so weite Reise von Jafo nach Tarschisch im äußersten Westen dauerte damals fast ein ganzes Jahr. Aber Fluchtwege kommen einem immer teuer zu stehen.

Auf diesem „Weg nach unten" werden seine inneren Sinne immer unschärfer für das, was er in Wahrheit ist. Auf dem Weg nach Tarschisch verliert er immer mehr sich selbst. Weil er das Licht der Wahrheit scheut, gerät er immer mehr in die Dunkelheit und erkennt immer weniger die Unstimmigkeit seines Lebens. Schließlich führt ihn sein Fluchtweg in die völlige Ausweglosigkeit. Daraus ergibt sich: Verdränge die Wahrheit nicht! Verdrängen, das bedeutet: die Wirklichkeit nicht wahrhaben wollen; sich weigern, den Ruf der Stunde zu hören. Wer dies tut, geht am wirklichen Leben vorbei.

Zu den Menschen, von denen man sagen kann, sie seien voller Wahrheit und deshalb auch voller Licht gewesen, gehört Reinhold Schneider. Von ihm schrieb Werner Bergengruen: „Fragt man mich, welchem seiner Charakterzüge ich den abso-

lut dominierenden Rang zuerkenne, so antworte
ich ohne langes Besinnen: seiner Leidenschaft für
die Wahrheit ... Betrat er ein Zimmer, so war es,
als breche ein Strom von Lauterkeit in den plötzlich verwandelten Raum, der nun von einem gänz-
lich neuen Fluidum erfüllt war. In Reinhold
Schneider schien die Wahrheit verkörpert, sie
strahlte aus seinem Blick, seinem kraftvollen Hän-
dedruck, jedem seiner Worte ... Es kündet sich
zugleich an, daß die Wahrheit das Elementarste
seines persönlichen Lebens gewesen ist, ohne das
er nicht zu atmen vermocht hätte."

Welch ein Unterschied zu Jona. Jona ist wirklich
weit davon entfernt, eine Wahrheitsgestalt und
damit eine Lichtgestalt zu sein. Er sucht vielmehr
das Dunkel und gerät immer tiefer in das Dunkel
hinein. So spricht sich uns erneut zu: „Verdränge
die Wahrheit nicht; vernimm das Wort Gottes und
gehe dorthin, wohin es dich schickt." Reinhold
Schneider und Jona: Wo stehen wir zwischen diesen beiden?

Warum aber geht Jona in die genau entgegengesetzte Richtung? Warum will er nicht nach Ninive,
sondern nach Tarschisch? Die Antwort lautet: Er
mag die Niniviten nicht. Er mag sie nicht, weil sie
ganz anders sind als er. Mehr noch: Er empfindet
ihnen gegenüber eine tiefe Abneigung. Daher hat
er den Wunsch, daß sie vom Erdboden verschwin-
den. Aber je mehr er ihnen den Untergang
wünscht, um so mehr geht er selber unter.

Spielt sich nicht auch hier in Jona das ab, was wir in uns selbst erfahren, wenn wir Menschen nicht mögen, weil sie anders sind als wir? Sperrt sich da nicht auch in uns alles, wenn wir zu ihnen gehen sollen? Schlagen nicht auch wir in solchen Situationen eine Richtung ein, in der wir ihnen nicht begegnen? Doch genau das ist es, was uns zermürbt. Damit stellt sich uns die Frage: Haben nicht wir alle unser eigenes Ninive, vor dem wir auszuweichen suchen? Unter diesem Gesichtspunkt will uns die Jona-Geschichte zu Bewußtsein bringen, wo unser Ninive liegt, vor dem wir wegzulaufen suchen.

Vielleicht erahnen wir an dieser Stelle, warum Gott ausgerechnet Jona den Auftrag gab, nach Ninive zu gehen. Er wollte, daß der Prophet seine tiefe Abneigung diesen Menschen gegenüber überwindet; denn die Abneigung zerstört vor allem den, in dem sie sich festsetzt. Daher geht es in der Jona-Geschichte nicht nur um die Rettung von Ninive, sondern auch um die Rettung von Jona. Auf dem Weg zu den Niniviten soll Jona selbst ein anderer werden, soll er selbst verwandelt werden.

Wie aber ist es möglich, unangenehme Wege zu gehen? Wie können wir innerlich gefaßt und ruhig sogar bedrohlichen Zielen entgegengehen? Bleiben wir bei jenem Auftrag, der an Jona ergangen war. Er lautete: „Mach dich auf!" Das bedeutet doch: „Öffne dich für Ninive, nimm Ninive in dich auf. So ist in dir schon angekommen, wohin du noch gehen mußt."

Ich erinnere mich an einen Arzt, der einmal schrieb: „Bevor ich einen schwierigen Patienten in mein Sprechzimmer bitte, versuche ich, ihn meditativ in mich aufzunehmen. Auf diese Weise gewinne ich einen unmittelbaren Zugang zu ihm, und die befürchteten Umgangsschwierigkeiten sind nicht mehr da." Nimm also Ninive in dich auf, noch bevor du nach Ninive gehst. Dann kannst du dir viele leidvolle und teure Umwege sparen. Dein Wesen wird so geradlinig sein wie dein Weg, und du darfst gewiß sein, daß du in Ninive immer den rechten Ton triffst – Ninive und dir selbst zum Heil.

Man flieht immer nur Gott entgegen

Der Herr aber warf einen heftigen Sturm auf das Meer ... Da gerieten die Seeleute in Furcht ... Jona aber war ins Unterste des Schiffes hinabgestiegen, hatte sich hingelegt und schlief ... Sie warfen die Lose, und das Los fiel auf Jona ... Er antwortete ihnen: „Nehmt mich und werft mich ins Meer. Dann wird das Meer euch in Ruhe lassen; denn ich weiß, daß meinetwegen dieser gewaltige Sturm über euch gekommen ist."   1,4–12

Vor langer Zeit veröffentlichte der Schweizer Arzt und Schriftsteller Max Picard ein Buch mit dem Titel „Die Flucht vor Gott". Der Mensch auf der Flucht vor Gott: War er es nicht immer schon? Man denke an Adam, der vor Gott floh und sich vor ihm zu verstecken suchte. (Ob nicht Flucht und Versteck in irgendeiner Weise immer zusammengehören?) Gott rief ihn an: „Adam, wo bist du?" Das ist die erste Frage, die wir in der Bibel finden. Es ist die Frage Gottes an den fliehenden Menschen. Mit ihr will Gott den Menschen zum Stillstand bringen, damit er über sich und seine Wege nachzudenken beginnt: „Wo halte ich mich versteckt?"

Wie viele unserer Gedanken bewegen sich bereits „weg vom Herrn" (1,3)? Sie sind also nichts anderes als Fluchtgedanken: Flucht vor unseren Konflikten, unserer Reifung und Entwicklung, vor unserer tieferen Wirklichkeit, unserem Selbst, vor der Welt und den Menschen, Flucht vor dem Herrn.

Die Flucht des Menschen kann auf vielerlei Weisen geschehen: Man lenkt sich ab; man verkriecht sich; man stürzt sich in die Arbeit; man sucht die Welt des Scheins, der Illusionen, der Träume. Darauf kommt der russische Dichter Dostojewski immer wieder zu sprechen; denn es gehört zu seinen Grundgedanken, daß der Mensch sich immer wieder neu vom „Gift seiner törichten Träume" reinigen muß, um so seiner inneren Verwesung zu entgehen. In einem seiner frühen Romane sagt ein junger Mann, der auf dem Sterbebett liegt, seiner weinenden Freundin: „Weshalb weinst du? Weil ich sterbe? ... Aber alles übrige ist ja doch schon längst gestorben, längst begraben! ... Ich bin ein leerer schlechter Mensch ... Mein ganzes Leben war nur ein Traum. Ich habe nur geträumt und nicht gelebt."

Nun war Dostojewski selbst lange und oft genug ein Träumer. Aber er blieb es nicht; unablässig kämpfte er dagegen an. Das führte ihn zur größten Entdeckung seines Lebens, zur Erkenntnis nämlich, daß es nichts „Phantastischeres" gibt, als in der Wirklichkeit zu leben. Wer aber lebt in der Wirklichkeit? Dostojewski sagt: derjenige, dessen Leben in Gott ruht, dessen Herz auf Gott hört und der seine Wege mit Gott geht. In Gott ruhen, auf Gott hören, mit Gott gehen – diese Entdeckung erlebte Dostojewski wie das Aufwachen aus einem tiefen Schlaf; er empfand sie wie seine zweite Geburt. Sie bewahrte ihn vor dem Schicksal einer gespaltenen Persönlichkeit, abgeschnitten von dem, was er selbst das „lebendige Leben" nennt.

Diese Gedanken erinnern uns an den Propheten Jona. Anstatt im Auftrag Gottes nach Ninive zu gehen, versuchte er nach Tarschisch, der Stadt seiner Träume, zu fliehen. Daher wanderte er zum Hafen von Jafo hinunter. Dann stieg er ins Schiff hinab. Dort verkroch er sich in den untersten Raum und ließ sich in den Tiefschlaf des Vergessens fallen. Und obwohl der Herr einen furchtbaren Sturmwind losbrechen ließ, obwohl das Schiff unterzugehen drohte und die Seeleute voller Angst zu ihren Göttern um Hilfe riefen und sogar die Ladung ins Meer warfen, damit das Schiff leichter wurde, schlief Jona vollkommen unbeteiligt. Bemerkenswert ist, wie Martin Luther den Propheten in dieser Situation charakterisiert. Er schreibt: „Da liegt er und schnarcht in seinen Sünden." So kann der Schlaf Ausdruck einer Verweigerung sein, die Realität anzunehmen.

In diesem Sinn spricht die Bibel oft genug von den Schlafenden, die in den Traum fliehen, während diejenigen, die die Wirklichkeit sehen und sich ihr stellen, die Wachen sind. Wach ist also, wer sich unter das Kreuz der augenblicklichen Gegebenheiten beugt. Er ist es, der wirklich lebt. Was bin ich also? Ein Wacher oder ein Schlafender, ein Lebender oder ein Träumender?

So treibt Jona dahin, nach Tarschisch statt nach Ninive, im Schein statt in Gottes Wirklichkeit. Vielleicht haben alle Menschen in irgendeiner Weise ihr eigenes Tarschisch und damit auch ihr Traumschiff, um dorthin zu kommen. Vielleicht braucht sogar jeder sein Tarschisch. Doch liegt es anderswo, als wir glauben. Es liegt mitten in Ninive. Es liegt mitten in dem, was anzunehmen uns schwerfällt.

Natürlich wußte Jona, daß Gott allgegenwärtig ist, weshalb man ihm nicht davonlaufen kann. „Aber", so dachte er, „dem konkreten Auftrag kann man sich sehr wohl entziehen." Das waren seine Überlegungen, bis der Kapitän ihn mit den Worten weckte: „Wie kannst du schlafen? Auf, rufe zu deinem Gott! Vielleicht denkt dieser Gott an uns, so daß wir nicht zugrunde gehen" (1,6).

Haben wir schon einmal einen solchen Weckruf vernommen, als wir unsererseits auf einem Fluchtweg wie Schlafende waren? Und wer ist in solchen Situationen unser Wecker gewesen? Sind wir selbst schon einmal in diesem Sinn für einen anderen ein Wecker gewesen? Im Grunde will ja die Bibel nichts anderes als ein großer Wecker sein, um uns aus dem Schlaf in die Wirklichkeit Gottes zurückzuholen. Nur in ihr erkennen wir, wie sehr Gott uns braucht. „Deshalb geraten wir in Sackgassen, wenn wir unsere Aufträge nicht erkennen oder nicht annehmen; deshalb kommt die Finsternis seelischer oder realer Nöte über uns, wenn wir von den uns zugeschriebenen Ämtern ans Ende der Welt, nach Tarschisch, zu fliehen trachten" (Christa Meves).

Wie auch immer: Jona fühlt sich in Sicherheit. Doch plötzlich muß er erkennen, daß ihm der Boden unter den Füßen entgleitet. Wie kommt es? Im Wüten des Meeres, im Los, das auf ihn gefallen war, im Verhalten des Kapitäns und der Matrosen wird Gott wirksam. Auf einmal ist alle Welt gegen ihn. Er ist für sie wie ein Fremdkörper. Das heißt: Wer vor Gott flieht, entfernt und entfremdet sich nicht nur von Gott und von sich selbst, sondern auch von seinen Mitmenschen. Er wird sich selbst und anderen ein Fremder.

Auf dem Schiff bringt man alsbald heraus, daß Jona die Schlüsselfigur der kritischen Situation ist: „Die Männer hatten nämlich erfahren, daß er auf der Flucht war, weg vom Herrn; denn er hatte es ihnen mitgeteilt. Da sagten sie zu ihm: ,Was sollen wir mit dir machen, damit das Meer uns in Ruhe läßt?' Denn das Meer tobte immer heftiger. Er antwortete ihnen: ,Nehmt mich und werft mich ins

Meer. Dann wird das Meer euch in Ruhe lassen; denn ich weiß, daß meinetwegen dieser gewaltige Sturm über euch gekommen ist'" (1,10–12).

Wie ist diese Szene zu verstehen? Vielleicht so: Jona will lieber tot sein als den Auftrag Gottes erfüllen. So geschieht es ja nicht selten: Oft genug zieht es der Mensch vor, im Nichts zu versinken, statt bei Gott Ruhe und Frieden zu finden. Es gibt aber noch eine andere Deutungsmöglichkeit: Erst in dem Augenblick, da Jona sich als der Schuldige bekennt und bereit ist, für die Folgen seines Tuns einzustehen, beginnt sein innerer Umwandlungsprozeß. Damit ist gesagt: Erst mit dem Eingestehen unserer Schuld beginnt sich unser Leben zum Positiven hin zu entwickeln. Und auch dies zeigt sich hier deutlich: Die Schuld des einen behindert zugleich die anderen auf ihrem Weg.

Möglicherweise könnte einer sagen: „Gut, es mag viele Jonasse auf der Welt geben. Doch offensichtlich mißlingt nicht jedem die Flucht. Viele schlafen, ohne daß jemand sie weckt. Und viele kommen glücklich nach Tarschisch, ohne daß es ihnen etwas ausmacht, auf dem falschen Weg zu sein." Darauf antwortet die Jona-Geschichte: „Keiner kommt bis Tarschisch. Nur für eine Zeit mag ihm die Fahrt dorthin glücken. Auch Jona kam gut aufs Schiff und kam gut vom Land ab. Wem die Reise in die falsche Richtung gelingt, steht erst am Anfang. Doch er soll sich nicht täuschen: Auch über ihn kommt der Sturm, der ihn aus seinen

Träumen reißt und in das finstere Meer wirft. Er liest in der Erzählung, was ihm sicher geschehen wird. Denn Gottes Wort zeigt uns nicht nur, was wir im Augenblick gerade sind. Es zeigt uns auch unsere Zukunft, denn die gehört unlösbar zu uns. Es wird zur Prophetie" (Diego Arenhoevel).

Dem Gesagten ist jedoch hinzuzufügen: Gott holt den Menschen nicht ein, um ihn untergehen zu lassen. Er holt ihn vielmehr ein, um ihn – wie Jona – auf den Weg seiner Berufung zurückzubringen. Welche Wege wir auch gehen mögen, immer führen sie zu Gott zurück. Führen sie über Stationen unserer Träume, so sind es nur Umwege. So fliehen wir letztlich immer nur in Gottes Arme hinein, in die Arme jenes Gottes, der uns sagen will: Beende deine Flucht; geh nach Ninive; das heißt: Wähle den Weg, der der schwerere für dich ist!

Damit bestätigt sich, was Max Picard am Ende seines Buches schreibt: „Das eben ist Gottes Liebe, daß er die Fliehenden verfolgen will, damit er, der Schnellste, den fliehenden Menschen immer am nächsten sei. Er verfolgt sie nicht nur, er folgt ihnen voraus, sie kommen an, und er war schon dort, er war überall schon vorher." Noch deutlicher sagt es Johannes Möllerfeld: „Rascher als der fliehende Mensch ist Gottes Liebe; wohin der Mensch auch eilen mag, Gottes Liebe ist schon da und erwartet ihn. Das ist in dem Prophetenbüchlein auf besonders eindrucksvolle Art erzählt."

WAS TREIBT JONA IN DIE FLUCHT?

*Da machte sich Jona auf, um nach Tarschisch zu fliehen,
weg vom Herrn. Er ging nach Jafo hinab. Dort fand er ein
Schiff, das nach Tarschisch fuhr. Er zahlte den Fahrpreis
und ging hinunter, um mit ihnen nach Tarschisch zu fahren, weg vom Herrn.* 1,3

Es drängt sich die Frage nach dem entscheidenden Fluchtmotiv des Jona auf. Was immer
dazu zu sagen ist, es gibt keine Flucht, die letztlich
nicht aus Angst geschieht. Es ist die Angst vor der
Auseinandersetzung mit der Wirklichkeit.

Man denke an Goethe. Jedesmal, wenn er innerlich oder äußerlich in eine Lage geriet, die ihn zu
überwältigen drohte, trieb ihn die Angst in die
Flucht. Um unliebsame Besucher abzuwehren
oder lästigen gesellschaftlichen Verpflichtungen
zu entgehen, hütete er das Bett, ohne krank zu
sein. Um der Begegnung mit Krankheit oder Tod
aus dem Weg zu gehen, mied er Krankenbesuche
und hielt sich von Beerdigungen zurück. Dies
ging so weit, daß er es nicht über sich brachte, das
Zimmer seiner todkranken Frau Christiane zu be-

treten, obwohl er sie sehr geliebt hatte. Doch alles, was mit dem Tod zusammenhing, war ihm so unerträglich, daß er die merkwürdigsten Dinge anstellte, um nicht mit dergleichen in Berührung zu kommen. „Was mir widerstrebt, davon wend' ich den Blick ab", sagte er im Haus der Fürstin Gallitzin in Münster.

Es sind also keineswegs nur die kleinen Leute, die unter der Angst leiden; auch die Großen werden von ihr geplagt; denn jeder hat sein Ninive, vor dem er flüchtet, weil er sich vor ihm fürchtet. Daher ist es gut, sich dann und wann Zeit zu nehmen und die vielfältigen Ängste, die es in uns gibt, auf sich zukommen zu lassen. So gelangen wir an die Orte, an denen Ninive in uns liegt.

In einem seiner Bücher erzählt der Schweizer Arzt und Therapeut Paul Tournier, wie ihn eines Tages ein Freund besuchte, der im gesellschaftlichen Leben an gehobener Stelle stand. Im Verlauf des Gespräches erzählte ihm der Freund, wie er in seinen letzten Ferien den Versuch machte, sich besser kennenzulernen. Er nahm ein Heft und schrieb in dieses alles hinein, wovor er Angst empfand. Alsbald war er sehr erstaunt zu sehen, daß ein Heft nicht ausreichte. Das Heft war voll, bevor er mit seiner Niederschrift am Ende war. „Das waren fruchtbare Meditationen und sehr erholsame Ferien."

Dieses Bekenntnis läßt vermuten, daß es wahrscheinlich keinen Menschen gibt, der ohne Angst ist. Immer wieder müssen wir durch Phasen der Angst hindurch. Andernfalls bleiben wir im Zustand kindlicher Naivität. Außerdem kann uns die Angst eine gute Dienerin, Ratgeberin und Bewahrerin sein. Natürlich kann die Angst auch übermächtig werden. Dann haben nicht mehr wir die Angst, sondern die Angst hat uns. Wo das der Fall ist, da lähmt sie unseren guten Willen, vergiftet unser Glück und zerstört unser Leben.

Schauen wir genauer hin, so erkennen wir, daß es zwei Grundformen der Angst gibt. Sie können uns helfen, Jona – und mit ihm uns selbst – tiefer zu verstehen.

Die erste Grundform der Angst findet sich im Leben derer, die es nach draußen, ins Wagnis und Abenteuer treibt, die das Risiko lieben und nach Veränderung streben. Solche Menschen fürchten nichts mehr, als durch starre Verordnungen und Vorschriften, durch Gesetze und Traditionen in ihrer Freiheit eingeengt zu werden. So war es beim Verlorenen Sohn. Aus Angst vor der alltäglichen Eintönigkeit verließ er die geordnete Welt seines Vaterhauses und suchte das Weite und in ihr die prickelnde Ungewißheit.

Die zweite Grundform der Angst findet sich bei denen, die am liebsten zu Hause sind. Sie sind vor allem auf Sicherheit bedacht. Daher wollen sie keine Experimente und gehen keinerlei Risiko ein. Alles soll so bleiben, wie es immer war. Sie klammern sich an das, was ihnen vertraut geworden ist.

Die Angst, etwas verlieren zu können, macht es ihnen schwer, etwas loszulassen. Ein solcher Mensch ist der ältere Bruder des Verlorenen Sohnes, der aus Angst vor der Ungewißheit des Lebens sein Vaterhaus nicht verläßt.

Elementare Ängste gibt es also auf der einen wie auf der anderen Seite. Einerseits ist es die Angst vor dem Freiheitsverlust; andererseits ist es die Angst, Überkommenes aufgeben zu müssen. Von dieser zweiten Form der Angst wird Jona bestimmt. Man sieht es schon daran, daß er sich ins Innerste des Schiffes verkriecht.

Ausgerechnet er wird von Gott nach Ninive geschickt, dem Erzfeind Israels. Wenn Jona sich ausmalte, wie die selbstsicheren Bewohner dieser Stadt ihn verlachen und womöglich töten würden, dann konnte ihn schon die Angst überfallen. Wie wäre es uns zumute, würde an uns der Auftrag ergehen, mutterseelenallein nach Peking aufzubrechen, um dort auf dem „Platz des Himmlischen Friedens" den Untergang von China zu predigen? Auffallend ist zudem, daß sich Jona lieber nach dem ihm vollkommen unbekannten Tarschisch begibt, als dorthin zu gehen, wovor er Angst hat.

Zu dieser Angst des Jona kommt noch eine andere. Er befürchtet nämlich, Gott könnte in seiner Barmherzigkeit diese Stadt am Ende doch noch retten. Wie stände er dann da? Wer würde ihn als Prophet noch ernst nehmen? Dieser zwiespältige Gedanke offenbart eine verkümmerte Menschlichkeit. Je tiefer hingegen unser Glaube ist, um so mehr sehnt er das Heil aller Menschen herbei.

An dieser Stelle wiederholt sich die Frage, allerdings deutlicher als früher: Warum ruft Gott ausgerechnet diesen Jona? Man sagt doch, jeder gute Unternehmer habe die Gabe, jeden seiner Mitarbeiter an den richtigen Platz zu stellen, dorthin, wo jeder das Optimale leisten könne. Frustration, dieses sonderbare Gefühl des Unbefriedigtseins, komme so erst gar nicht auf. Wie steht es also mit den Führungsqualitäten Gottes? Nimmt man alles zusammen, was wir bislang von Jona erfahren haben, dann muß man sagen: Für diese Aufgabe hätte Gott keinen Schlechteren als ihn finden können. Nachdenklich fragt man: „Mein Gott, was hast du da gemacht? Entweder ist Personalpolitik nicht deine Stärke, oder deine Personalpolitik ist sehr schwer zu verstehen. Jedenfalls wirfst du alle unsere Vorstellungen vom richtigen Mann am richtigen Platz über den Haufen."

Wie aber, wenn Gott die Dinge anders sieht? Wir haben ja bereits darauf hingewiesen, daß ihm an der Entwicklung des kleinen Jona nicht weniger liegt als an der Bekehrung der großen Stadt Ninive. Und so ist es auch im Hinblick auf uns selbst: Unser Reifungsprozeß ist Gott nicht weniger wichtig als der Reifungsprozeß jener, zu denen wir geschickt werden. Wie aber kommen wir zur Reife? Dadurch, daß wir unser kleines Ich in rückhaltlosem Vertrauen in das große Du des barmherzigen Gottes bergen und ihm alles Weitere überlassen. Das ist zugleich der einzige Weg, auf dem wir alle Angst verlieren.

ZWEITES KAPITEL

ERST WENN WIR UNS DEM DUNKEL STELLEN, WIRD UNS DER SCHRITT INS LICHT GESCHENKT

Das uns Verschlingende kann das uns Rettende sein

Sie nahmen Jona und warfen ihn ins Meer. Und das Meer ließ ab von seiner Wut ... Der Herr aber bestimmte einen großen Fisch, Jona zu verschlingen. 1,15; 2,1

Im Verhalten von Jona werden immer wieder Abläufe sichtbar, die man nur mit Worten wie mechanisch, automatisch, zwangsläufig oder konsequent bezeichnen kann. Zum Beispiel: Weil Ninive eine gottlose Stadt ist, soll sie nach dem Willen von Jona ohne jede Chance gnadenlos untergehen. Das wäre konsequent, denkt Jona.

Doch wer anderen aus Konsequenz etwas Böses wünscht, dem fällt seine Konsequenz alsbald in den eigenen Rücken. Auch das soll Jona lernen. So dauert es nicht lange, bis die heidnische Schiffsbesatzung nach der Konsequenz des Jona verfährt und ihn selbst über Bord wirft. Wie oft schon waren wir anderen gegenüber gnadenlos? Wie oft schon haben wir andere unerbittlich abgehängt und sie ihrem Schicksal überlassen? Seien wir also behutsam, wenn wir uns anschicken, anderen gegenüber gnadenlos und unerbittlich zu werden.

Denn auch wir könnten über kurz oder lang von unserer eigenen Konsequenz eingeholt werden und auf diese Weise in die Situation des Jona geraten.

Man kann sich kaum eine Situation vorstellen, die hoffnungsloser ist als die, in der sich Jona in diesem Augenblick befindet; denn mit dem Schiff fahren alle seine Hoffnungen und Zukunftspläne dahin. Ihn selbst aber läßt es einsam und allein in den Tiefen des Meeres zurück. Für einen Außenstehenden ist er rettungslos verloren. Wer von den Schiffsleuten hätte auf ihn noch etwas gegeben?

Wie gut aber ist, daß es über unserem konsequenten Tun noch etwas anderes gibt, nämlich das inkonsequente Walten Gottes! Denn mitten in seinem ausweglosen Schicksal geschieht plötzlich etwas völlig Unerwartetes, etwas, das ganz und gar nicht konsequent ist. Konsequent wäre gewesen, daß Jona ertrunken wäre. Doch das geschieht nicht. Ein Seeungeheuer kommt, verschlingt ihn und nimmt ihn so in sich auf. Dabei hat den Erzähler unserer Geschichte die Frage nach der Art des Fisches offensichtlich nicht beschäftigt. „Ihm war der Fisch einfach ein Zeichen dafür, daß Gott auch und gerade durch die Dimension des Furchtbaren und Abgründigen hindurch seine Absichten zum Ziele führt" (Gerhard von Rad).

Es ist nützlich, wenn wir diesem Fisch, der durch Gottes Fügung so inkonsequent daherkommt, unsere Aufmerksamkeit schenken. Er kann uns nämlich helfen, die schwersten Stunden unseres Lebens ein wenig zu verstehen und zu akzeptieren. Das ist auch der Grund, weshalb dieser Fisch in Kunst und Literatur immer wieder Beachtung findet. Die Jona-Geschichte bietet uns ja keineswegs einen Tatsachenbericht. Sie will eine Symbolgeschichte sein. Das heißt, es kommt ihr vor allem darauf an, menschliche Tiefenerlebnisse ins Bild zu setzen; denn nur in der Tiefe wird Gott wirksam. Das ist gewiß einer der Gründe, weshalb Gott uns zuweilen in die Tiefe fallen läßt, obwohl ein solcher Fall überaus schmerzlich sein kann. Aber vielleicht ist ein oberflächliches und gottfernes Leben noch schrecklicher.

Die Erfahrung zeigt nun, daß wir Menschen unser oberflächliches Leben oft erst dadurch aufgeben, daß wir in eine extreme Notlage geraten. Daher sagt Sören Kierkegaard, die Wahrheit siege durch das Leiden, das heißt: durch den Fall in die Tiefe. Vielleicht erahnen wir hier, weshalb jener Fisch nicht in unseren Weltmeeren zu finden ist. Wo aber ist er dann? Nirgendwo anders als in den Tiefen unseres Lebens; dort, wo es Dinge gibt, die uns total vereinnahmen, eben verschlucken können. Und was kann das nicht alles sein! Nennen wir nur das tiefe Leid, die schwere Schuld oder den dunklen Tod. Wo haben wir also das Ungeheuer zu suchen, das den Jona verschlang? Nirgendwo anders als im Wellengang unseres alltäglichen Lebens. Versuchen wir, es dort zu finden. Ein paar Situationsbeschreibungen können uns dabei helfen.

Ein Unternehmer erzählt: „Im wirtschaftlichen Leben gibt es bestimmte Spielregeln: immer das Gesicht wahren, immer gesund, ausgeschlafen und topfit aussehen. Dieses Spiel habe ich mitgemacht, bis ich dann einen totalen Zusammenbruch erlebte. Ich konnte kaum mehr drei Stunden hintereinander schlafen und dann auch nur sehr unruhig. Ich war nicht mehr Herr meiner Hände und Füße. Ich zitterte am ganzen Leib. Ich fiel in Depressionen und Weinkrämpfe. In der Klinik kam ich allmählich zur Besinnung. Ich dachte intensiv über mein Leben nach. Ich wäre an mir und meiner Lebensweise erstickt, wenn sich mein Körper und meine Seele nicht durch diese Krankheit gewehrt hätten. So wurde der Zusammenbruch für mich zum Aufbruch. Heute weiß ich, daß Erfolg nicht das ganze Leben ist. Ich fühle mich wie ein neuer Mensch. Ich lebe ruhiger, bewußter, entspannter. Für einen Neuanfang muß man zuweilen erst sehr tief fallen."

Über sich und sein Leben hat auch F. M. Dostojewski nachgedacht. Er tat es, als er viele Jahre seines Lebens in einem sibirischen Zuchthaus verbringen mußte. Über diese seine Leidenszeit urteilt E. K. Rahsin, der zu den besten Dostojewski-Kennern gehört: „Überschaut man heute das Gesamtwerk des Dichters, so will einem der

Schicksalsschlag, der ihn auf ein ganzes Jahrzehnt nach Sibirien warf, als ein einzigartiger Griff der Vorsehung erscheinen." In diesen Jahren seelischer Vereinsamung hatte Dostojewski Klarheit über sich selbst gefunden. Tiefer als zuvor war er in diesen Jahren „dem Menschen im Menschen" begegnet. Deutlicher als früher wurde er sich im „Totenhaus" bewußt, daß jeder Mensch der Gefangene seiner selbst ist, der Gefangene seiner Denkgewohnheiten, seiner finsteren Wünsche und Regungen, seines Egoismus und seiner inneren Widersprüche, seiner moralischen Schwäche und Schuld, seiner Stimmungen und Ängste; der Gefangene seiner Illusionen und Träume, seines Unglaubens und seines Todes. Es ging ihm auf, daß das Gefangensein die Grundsituation eines jeden Menschen ist, daß jeder Mensch ein „Gefangener", ein „homo captivus" ist. Damit stand er vor der Frage, wer den Menschen aus dieser Situation befreien kann. Auf der Suche nach der Antwort wurde ihm das Wort Gottes, die Bibel, zum wertvollsten Begleiter seines ganzen Lebens.

Václav Havel, der nach dem Sturz des kommunistischen Regimes von der gesetzgebenden Versammlung der Tschechoslowakei einstimmig zum Präsidenten gewählt wurde, hat noch Mühe, mit seiner Zeit hauszuhalten. Davon hatte er während seiner insgesamt fünf Jahre Gefängnis in den vergangenen einundzwanzig Jahren reichlich. Der Präsident, ein weltbekannter Dramatiker, gesteht, daß ihm nicht das Theater die nützlichsten Erfahrungen für seinen „überraschenden Weg vom Gefängnis zur Burg" vermittelt hat. Vielmehr meint er: „Das Gefängnis war eine außerordentlich gute Vorbereitung für meine Arbeit als Staatspräsident. Erstens hat es mich gelehrt, mich über nichts zu wundern. Zweitens hat es einige Instinkte in mir gefördert, die ich in diesem Amt brauche. Und drittens fällt mir dadurch die Lösung der vielen Probleme leichter, mit denen wir uns jetzt befassen müssen – der Staatssicherheit und den dunklen Kräften in unserem Land" (New York Times).

Ob nun Krankenhaus, Totenhaus oder Gefängniszelle, es sind nur verschiedene Namen für jenen Fischbauch, der Jona einerseits vor dem sicheren Tod durch Ertrinken bewahrte, ihn andererseits aber einen schmerzhaften Reifungsprozeß durchmachen ließ. So möchte uns die Jona-Geschichte sagen: Ausgerechnet das Ungeheuer, das den Jona verschlang, war ihm zum Retter geworden. Das uns Verschlingende kann also inkonsequenterweise das uns Rettende sein. Was wie Sterben und Tod aussieht, kann zu einem neuen Leben führen. Ein großer Fisch, eine schwere Krankheit, ein tiefes Leid, ja sogar eine große Schuld können demnach so etwas wie ein Rettungsboot Gottes sein. Wie ärmlich und wie schwächlich würden wir bleiben, würde uns das Leben nie ein solches Ungeheuer schicken!

Was die Jona-Geschichte als Ungeheuer be-

zeichnet, was wir als „Rettungsboot Gottes" verstehen, das nennt Martin Luther einmal den
„Backofen voller Liebe" Gottes. Jeder weiß, daß alles, was in einen Backofen hineingegeben wird,
ganz anders aus ihm herauskommt. Der unge-
nießbare Teig wird in ihm in genießbares Brot verwandelt. In ähnlicher Weise vermag Gott einen
oberflächlich lebenden Menschen in seinem
„Backofen der Liebe" in einen Menschen zu ver-
wandeln, der anfängt, wesentlich zu werden (Kurt
Koch). So ist Gottes Backofen der Liebe nichts anderes als das, was wir „Gnade" nennen. Sie sieht
oft anders aus, als wir vermuten. Aber sie allein
läßt uns wirklich leben.

Jonas wunderbare Errettung aus dem Bauch des Fisches

Da betete Jona zum Herrn, seinem Gott, aus dem Bauch des Fisches und sprach:

„In meiner Bedrängnis rief ich zum Herrn,
und er hat mich erhört.
Aus dem Bauch der Unterwelt schrie ich um Hilfe,
und du hörtest meine Stimme.
Du warfst mich in die Tiefe der Meere,
so daß mich die Fluten umschlossen.
Alle deine Wogen und Wellen gingen über mich hin.
Da sprach ich: Verstoßen bin ich aus deinen Augen.
Wie kann ich je wieder deinen Tempel schauen?
Wasser umschlossen mich bis an die Kehle,
das Urmeer umfing mich.
Schilf umschlang meinen Kopf
an den tiefsten Gründen der Berge.
Hinabgestiegen war ich in das Land,
das seine Riegel hinter mir für immer schluß.
Doch du hast mein Leben aus dem Grab herausgeholt,
Herr, mein Gott!
Als mein Leben zu Ende ging, dachte ich an den Herrn;
so drang mein Gebet zu dir, zu deinem heiligen Tempel.
Die sich an trügerische Nichtigkeiten halten,

verlassen den, der ihre Liebe ist.
Doch ich will dir mit lautem Danklied Opfer darbringen.
Was ich gelobt habe, will ich erfüllen.
Vom Herrn kommt die Rettung."

Hierauf gebot der Herr dem Fisch, und dieser spie Jona ans Festland.   2,2–11

Es gibt wahrscheinlich nur wenige Menschen, die in einer extremen Situation nicht ihre Zuflucht zum Gebet nehmen; denn je dunkler es um uns wird, um so mehr drängt es uns zum Licht von oben. Im Rückblick auf ihr Leben erzählt Madeleine Delbrêl (1904–1964), eine der bedeutendsten Frauen unseres Jahrhunderts: „Mit fünfzehn Jahren war ich völlig atheistisch und fand die Welt von Tag zu Tag absurder." Da fing sie zu beten an. „Indem ich betete, erfuhr ich im Glauben, daß Gott mich fand, daß er eine lebendige Wirklichkeit ist und daß man ihn lieben kann, wie man eine menschliche Person lieben kann." Auf diesem Weg machte sie die Erfahrung: „Nur wer die Kraft erbeten und erhalten hat, für alle mit Gott zu sprechen, hat auch die Kraft – es ist dieselbe –, mit allen über Gott zu sprechen." Beten bedeutet demnach: sich von Gott finden lassen.

Daher ist es nicht verwunderlich, daß auch Jona zu beten begann, nachdem ihn die Schiffsleute in die Tiefen des Meeres geworfen hatten und ein

Seeungeheuer ihn verschlang. Da hatte er zu Gott nicht nur gerufen; er hatte zu ihm geschrien: „In meiner Bedrängnis rief ich zum Herrn ... Aus dem Bauch der Unterwelt schrie ich um Hilfe ..." (2,3). Hier erfahren wir: Beten heißt: seine ganze Bedürftigkeit und Hilflosigkeit vor Gott bringen.

Vermutlich beten wir in keiner Situation so persönlich und konkret, so unmittelbar und direkt, so echt und so tief wie in den Augenblicken der Not; denn es ist vor allem die Not, die unser Gebet von allem bloßen Daherreden, von aller Routine und allen mechanischen Gebärden reinigt. Jeder Mensch hat ja ein Gebet, das ihm allein gehört, wie er auch eine Seele hat, die nur ihm zu eigen ist. So schwer es aber ist, seine Seele zu finden, so schwer ist es auch, sein Gebet zu finden. Oft genug leben wir mit Seelen und sprechen Gebete, die nicht die unsrigen sind (Elie Wiesel). Die Not aber ist es, die uns hilft, jenes Gebet zu finden, das wirklich unser ist.

Beten, so lehrt uns Jona aus dem Fischbauch heraus, bedeutet aber auch: Unser bisheriges Leben von Gott her überdenken. Jona betete: „Die sich an trügerische Nichtigkeiten halten, verlassen den, der ihre Liebe ist" (2,9). Er wußte, was er damit sagte: Wer vor Gott flieht, nimmt seine Zuflucht, ob er es weiß oder nicht, immer zu irgendwelchen Götzen, wie diese auch aussehen mögen. Doch diese halten nicht, was sie versprechen. Irgendwann erweisen sie sich als Brunnen, die ohne Wasser sind. Weil sie an uns kein persönliches Interesse haben, lassen sie uns fallen, wann es ihnen beliebt. Aus diesem Grund heißt es in Psalm 16,4: „Viele Schmerzen erleidet, wer fremden Göttern folgt. Ich will ihnen nicht opfern."

Indem Jona im Bauch des Fisches sein Leben von Gott her überdachte, kam er zur Umkehr und Heimkehr; denn jetzt wußte er, daß es nichts Schlimmeres gibt, als Gott davonzulaufen und sein Glück in der Gottesferne zu suchen. Wer richtig betet, der hört also auf, sich selbstmitleidig in sein Schicksal einnisten zu wollen. Er beginnt, seinen weiteren Lebensweg an Gottes Willen auszurichten.

Was damit gemeint ist, zeigt uns keiner so gut wie Jesus am Ölberg. Alles läßt er los: seine Jünger, seine Freunde, sich selbst. Restlos überläßt er sich dem Willen seines Vaters. Er läßt geschehen, was auf ihn zukommen mag. Und er tut es in dem festen Vertrauen, daß Gott Mittel und Wege kennt, ihn aus aller Drangsal zu befreien. An Jesus erkennen wir, was wesentlich zu jedem echten Gebet gehört: loslassen – überlassen – zulassen. Damit wird deutlich: Der Weg aus der Not heraus ist für Gott in der Regel der Weg, der durch die Not hindurchgeht. Gott erspart uns diesen Weg nicht, aber er geht ihn mit uns. Wir müssen ihn nicht alleine gehen.

Ich erinnere mich an einen achtundzwanzigjährigen Mann, der in einer tiefen Krise steckte. In seiner Not suchte er einen Therapeuten auf und erklärte ihm: „Wie oft schon habe ich um die Erlösung von meinem Übel gebetet; doch all mein Beten war vergebens." Der Therapeut überlegte. Schließlich sagte er: „Mir scheint, ‚Erlösung vom Übel' geschieht vor allem dadurch, daß man bereit ist, den bitteren Kelch zu trinken. Es bedeutet also genau das Gegenteil von dem, worum Sie bislang gebetet haben. Sie können nicht mehr leben wie bisher. Das heißt: Sie dürfen weder fliehen noch sich zurückziehen oder sich einem sinnenfrohen Taumel hingeben, wie Sie es sich zuweilen erträumen. Diese Wege sind nur scheinbar leicht und leidensfrei und daher für den mutlosen Menschen begehrenswert. Der einzige Weg aber, der Ihnen wirklich hilft, ist der schwerste und leidvollste, den es gibt. Denn Sie werden von Ihrem Übel nur dadurch erlöst, daß Sie quer durch das Übel hindurchgehen. Haben Sie schon einmal um diese Art von Erlösung gebetet?" Der Gefragte antwortete: „Nein, ich habe immer geglaubt, Gott erfüllt mir meinen Wunsch, ohne mir dafür einen Preis abzuverlangen." Was ist damit gesagt? Nur wer entschlossen ist, durch das Dunkel zu gehen, kommt zum Licht.

Weil Jona bereit war, durch das ihm zugestoßene Übel hindurchzugehen, erfuhr er Gottes Hilfe. Diese Erfahrung verwandelte sein Bitten in ein Danklied. In ihm erinnerte er sich zunächst an die Tiefen, in die er gefallen war, um dann Gott für seine wunderbare Rettung zu danken: „Hinabgestiegen war ich in das Land, das seine Riegel hinter mir für immer schloß. Doch du hast mein Leben aus dem Grab herausgeholt, Herr, mein Gott" (2,7).

Das Wunder, durch das Jona gerettet wurde, bestand zunächst darin, daß er in einem großen Fisch überlebte. Er erfuhr: Gottes Macht zu helfen ist so groß, daß er immer einen Weg schafft, der zur Rettung führt. Durch den Fisch wurde er vor dem grausamen Tod des Ertrinkens gerettet. Das ihn Verschlingende war das ihn Rettende geworden. Das Wunder bestand aber nicht weniger darin, daß Jona – wie so mancher – in der Not zum Glauben an Gottes fürsorgende Liebe fand. Schließlich erfuhr er Gottes Wundermacht darin, daß sein Ende in einen unerwarteten Neuanfang verwandelt wurde.

Durch diese Erfahrungen ging Jona auf, daß Gott uns nicht einholt, um uns zu vernichten, sondern um uns innerlich frei zu machen; denn Gottes Handeln am Menschen führt immer zu seinem Heil. Das gibt uns das Vertrauen zu beten: „Herr, nimm mich, wie ich bin, mit all meinen Mängeln und Fehlern, mit all meiner Schuld; doch laß mich werden, wie du mich haben willst, wenn es sein muß durch Not und Tod."

WIE VERÄNDERTE SICH JONA IM BAUCH
DES FISCHES?

*Da betete Jona zum Herrn, seinem Gott, aus dem Bauch
des Fisches und sprach: „In meiner Bedrängnis rief ich
zum Herrn, und er hat mich erhört. Aus dem Bauch der
Unterwelt schrie ich um Hilfe, und du hörtest meine
Stimme."*   2,1–3

Ein Sprichwort sagt: „Selten ein Schaden ohne
Nutzen."

Inwiefern war es für Jona von Nutzen, daß ihn
die Schiffsleute in die Tiefen des Meeres warfen,
wo ein Ungeheuer ihn verschluckte und in Angst
und Schrecken versetzte? Oder auf uns hin formuliert: Wo liegt der Nutzen, wenn uns etwas Unge-
heuerliches widerfährt?

Zunächst sind wir in einer solchen Situation
verwundert, daß uns selbst so etwas zustoßen
konnte, etwas, das bislang in unserem Leben
keine Rolle spielte. Diese Erfahrung erfüllt auch
uns mit Angst und Schrecken. Doch ringen wir
uns allmählich dazu durch, diese neue Situation
innerlich anzunehmen, dann wachsen uns neue
Augen: Alles verliert auf einmal seine bisherige

Selbstverständlichkeit. Es verändert sich unser Verhältnis zu Besitz, Anerkennung und Erfolg. Was wir früher unbedingt haben mußten, ist jetzt nicht mehr wichtig. So entwickelt sich eine intensivere Fähigkeit des Sehens, des Betrachtens, des Erwägens. Wir bekommen ein feineres Gespür für das, was wesentlich ist. Wir fangen an, bewußter zu leben.

Ein vom Schlaganfall getroffener Mann sagte mir einmal: „Heute betrachte ich, so viel ich kann, zum Beispiel jeden Baum, jedes Blatt. Vielleicht kennen Sie diesen Seelenzustand. Nichts um einen herum hat sich verändert. Und doch ist alles anders geworden. Die Gewichte verlagern sich. Man wundert sich, wieso man früher diesen oder jenen unwesentlichen Dingen so viel Zeit, Aufmerksamkeit und Bedeutung hatte beimessen können."

Mit dieser neuen Sichtweise auf das Wesentliche hin verlebendigen sich in Prüfung und Leid unsere schöpferischen Kräfte. Wir lernen, wenn auch oft nur schwer, mit der gegebenen Situation liebevoll umzugehen. In diesem Sinn schreibt die heilige Therese von Lisieux nach einem kurzen, aber leidvollen Leben: „Mein Leben war nicht bitter; denn ich wußte mir aus jeder Bitterkeit eine Freude zu machen." Dieses Wort läßt uns erahnen, warum man den Wert eines Menschen nicht so sehr an seinen Erfolgen mißt, sondern vielmehr an der Art und Weise, wie er mit seinen Notsituationen oder seinen Niederlagen umzugehen versteht. Daher sagen uns große Menschen, die viel gelitten haben: „Nimm den Schmerz in dich auf, mache ihn dir zu eigen, und gewinne ihn lieb."

An denen, die dies vollbringen, können wir erkennen, was menschliche Tiefe ist. Sie vermitteln uns den Eindruck, daß der Mensch erst durch Leiden ganz Mensch wird; denn erst im Leid öffnet sich der Zugang zu seinem innersten Wesen, zu jenen Tiefen, in denen seine geistige Freiheit und seine Würde liegen. Im Leid verbrennt das Böse. Es erschließt jene Quelle, aus der das Reine, Gute und Schöne strömt.

Darüber hinaus führt uns das angenommene Leid zum persönlichen Gebet. Daher ist die Vertiefung ins Gebet durch das Leid ein Grundthema der Bibel. Es stellt den Menschen in den Dialog mit Gott. Es gibt dem Dialog mit Gott einen ganz persönlichen Ausdruck. Das sehen wir an Jona mit besonderer Deutlichkeit.

Zudem können wir sagen: Im Leid erwacht die Solidarität mit allen Menschen, die ein schweres Los zu tragen haben. Auf diese Weise öffnet sich uns eine ganz neue Welt von Freunden. Mit dieser Solidarität beginnen wir, die Bergpredigt Jesu zu leben.

Was damit gemeint ist, leuchtet am Verhalten einer Frau auf, die schwer krank ins Krankenhaus eingeliefert werden mußte. Da sagte sie heiter und gelassen: „So viele Leute liegen im Krankenhaus.

Es ist nur gerecht, daß auch ich einmal an der Reihe bin." Dieser Hinweis offenbart eine mitmenschliche Solidarität aufgrund einer Liebe, die sich mit anderen in eine Reihe stellt. Darin liegt ja das Geheimnis der Liebe Gottes. Mit seiner Menschwerdung reihte er sich unter die Menschen ein. Selbst am Ende seines Lebens hängt er mit zwei anderen in einer Reihe am Kreuz.

Fassen wir zusammen, was sich unter diesen verschiedenen Gesichtspunkten ergeben hat:

Das Dunkle ist in seiner letzten Tiefe nicht dunkel, und die Finsternis ist nicht finster. Aufgrund dieser Erfahrung schreibt Gertrud von le Fort: „Nicht nur der lichte Tag, auch die Nacht hat ihre Wunder. Es gibt Blumen, die nur in der Wildnis gedeihen, Sterne, die nur am Horizont der Wüste erscheinen. Es gibt Erfahrungen der göttlichen Liebe, die uns nur in der äußersten Verlassenheit, ja am Rande der Verzweiflung geschenkt werden."

In der fast märchenhaft anmutenden Schilderung von Jona im Fischbauch geht es also nicht so sehr um äußere Ereignisse. Es geht in ihr vielmehr um ein Bild und Gleichnis unseres eigenen Lebens. Es geht in ihr um eine uns von Gott gegebene Anleitung und Hilfe zur Bewältigung von Lebenskrisen.

Was wäre aus uns und unserem Leben ohne dieses oder jenes Ereignis geworden, das Gott uns schickte und von dem wir gläubig annehmen, daß es auf uns und unsere Eigenart abgestimmt war?

Vielleicht haben wir uns sogar schon einmal gefragt, in welche Tiefen wir noch fallen müssen, bis wir uns überzeugen lassen, daß unser Leben einer grundlegenden Änderung bedarf. Oder: Was muß noch auf uns zukommen, bis uns jede Möglichkeit genommen ist, uns weiterhin in Träumen oder Illusionen zu verlieren?

Was ist also die Botschaft, die in dieser Szene der Jona-Geschichte für uns bereitliegt? Sie möchte uns sagen: Gott schickt uns in den Untergang unserer eigenen Wege, damit wir seine Tiefen erfahren und in ihnen den Aufgang seiner Wege. Das ist es denn auch, was wir zu den Menschen tragen sollen: „Hierauf gebot der Herr dem Fisch, und dieser spie Jona ans Festland" (2,11), damit er nun nach Ninive gehe.

Rudolf Bösinger stellt in diesem Zusammenhang die Frage: „Wer soll helfen, wenn nicht der, der die Erfahrung der Tiefe gemacht hat?" Und erläuternd fährt er fort:

„Keiner kann helfen,
der nichts von der Tiefe weiß.
Kein Lehrer kann lehren —
kein Politiker kann arbeiten —
kein Arzt kann heilen —
kein Vater kann erziehen —
keine Mutter kann leiten —
kein Priester kann trösten —
kein Denker kann verstehen —

keiner kann schreiben —
keiner kann reden —
keiner kann singen —
der nichts von der Tiefe weiß."

Nur wer die Tiefen der Tiefe erfahren hat, kann andere von ihrer Oberflächlichkeit befreien. Das ist der Horizont, in dem der prophetische Auftrag erscheint, der nun zum zweiten Mal an Jona ergeht. Dennoch müssen wir im Vorblick sagen: Die Wandlung des Jona im Bauch des Fisches war nicht von endgültiger Dauer. Was uns in Notsituationen aufgeht, entschwindet unserem Bewußtsein allzuleicht, wenn sich unser Leben wieder normalisiert. Und alsbald kehren wir zu unseren alten Gewohnheiten zurück. Oder wir halten die erfahrene Gnade für einen festen Besitz.

Was gibt uns wieder Boden unter die Füsse?

Da befahl der Herr dem Fisch, und dieser spie Jona ans Festland.

2,11

Wilhelm Willms erzählt einmal einen Traum, der viel Stoff zum Nachdenken enthält: „Ich saß in einem Gefängnis. Rund um mich her Mauern, dicke, hohe Mauern und rundum Türen und nochmals Türen. Ich lief von einer Tür zur anderen wie wahnsinnig. Alle Türen waren verschlossen. Ich warf mich mit meinem Körper gegen die Türen, aus Verzweiflung, aber die Türen waren aus Eisen und waren ohne Mitleid. Als ich erschöpft vor einer Tür am Boden lag, da kam jemand zu mir, freundlich, und sagte: Komm hierhin, ich zeige dir eine Tür, die offen ist. Die Wand öffnete sich, mir gingen die Augen auf. Ich konnte durch die Wand gehen, und ich spürte, wie ich aus mir selbst hinaustrat. Ich war plötzlich außer mir. Ich selbst, so merkte ich, war mein eigenes Gefängnis gewesen ...“

Diese Traumgeschichte zeigt, daß es nicht nur Träume im Sinne von „Illusionen" gibt. Es gibt auch Träume, in denen wertvolle Geschenke verborgen liegen. Durch sie erfahren wir auf ungewöhnliche Weise unsere eigene Wirklichkeit. Und dies nicht selten gerade dann, wenn wir nicht mehr weiterwissen. Man darf annehmen, daß jeder, der in die Enge geraten ist, seinen Traum hat, der ihm weiterhilft. Es würde sich lohnen, unter diesem Gesichtspunkt einmal mit besonderer Aufmerksamkeit in die Vergangenheit des eigenen Lebens zu schauen. Ebenso ratsam ist, sich beim Einschlafen zu sagen: „Ich will in dieser Nacht einmal genau auf meine Träume achten, da sie mir einen guten Weg weisen."

Da in solchen Träumen unsere eigene Aktivität weitgehend ausgeschaltet ist, geben sie Gott die Möglichkeit, in unser Leben einzubrechen. Zwar hört man oft genug sagen, unsere Träume kämen aus unserem Unterbewußten. So gewiß dies ist, so wenig können wir sagen, warum wir gerade jetzt ausgerechnet diesen Traum hatten. „Daher ist es durchaus legitim, mit den Alten zu glauben, daß Gott uns die Träume schickt und daß Gott uns damit etwas sagen will" (Anselm Grün).

Echte Träume sind also Wegweiser ganz eigener Art. Ein solcher Wegweiser will auch die Jona-Geschichte sein. Auch diese Geschichte könnte man sich als eine einzigartige Traumerzählung vorstellen, die deshalb so allgemein ist, weil es in ihr um uns alle geht. Denn wir sind es, die oft genug Gott davonzulaufen suchen und so früher oder später in eine Situation geraten, aus der wir durch eigene Kraft nicht herauskommen.

Eine solch ausweglose Situation läßt sich durch vielerlei Bilder veranschaulichen. Der eingangs erzählte Traum spricht von einem Gefängnis. C. G. Jung berichtet einmal von einem Traum, in dem von einem schwarzen endlosen Meer von Elend und Leiden die Rede ist. Im Psalm 124, Israels Danklied für die Befreiung, heißt es: „Unsere Seele ist wie ein Vogel dem Netz des Jägers entkommen; das Netz ist zerrissen, und wir sind frei." Matthäus erzählt (18,12–14) von einem Schaf, das sich in den Bergen total verlaufen hat. Das Buch Jona bringt das Bild vom Bauch des Fisches, der Jona verschluckt hat. Und „je ungeheuerlicher man sich den Fisch vorzustellen vermag, um so besser hat man den Erzähler verstanden" (Eduard Haller).

Ob es nun jenes Gefängnis, jenes finstere Meer, jenes Netz, jenes Gestrüpp oder dieser Fischbauch ist, immer ist es letztlich unser eigenes Ich, das uns gefangenhält. Ich möchte hier niemandem etwas aufschwatzen; doch mir scheint, wir tun gut daran, anzunehmen, daß wir ichsüchtiger sind, als wir glauben. Aufgrund dieser Erfahrung vertraute einmal der heilige Pfarrer von Ars einer Frau an: „Erbitten Sie von Gott nie die völlige Erkenntnis Ihrer Erbärmlichkeit. Ich habe einmal darum gebeten und wurde erhört. Wenn Gott mich damals nicht gehalten hätte, ich wäre unmittelbar in die Verzweiflung gestürzt."

Wer aber ist jener, der uns freundlich den Weg zu einer Tür weist, durch die wir aus uns selbst herauskommen? Stellen wir diese Frage an die Jona-Geschichte, so antwortet sie: Das ist vor allem unser Gewissen, durch das der Ruf Gottes an uns ergeht. Solange Jona diesem Ruf davonzulaufen sucht, bleibt er der Gefangene des Fischbauches, bleibt er der Gefangene seiner selbst. In dem Augenblick aber, da er auf sein Gewissen hört und sich dem Willen Gottes unterordnet, ist er eins mit sich selbst: „Die Wand öffnete sich, mir gingen die Augen auf. Ich war plötzlich außer mir." So heißt es in jenem Traum. „Hierauf gebot der Herr dem Fisch, und dieser spie Jona ans Festland", lautet der letzte Vers im 2. Kapitel der Jona-Geschichte. Damit ist gesagt: In dem Moment, da wir zu unserem Gewissen zurückkehren, haben wir wieder – wie Jona – Land unter den Füßen. Eine neue Welt tut sich auf, und ein neues Leben kann beginnen.

Damit deutet sich an, daß das Ganze auch eine psychologische Seite hat. Entsprechend schreibt Heinz Remplein in seiner „Psychologie der Persönlichkeit": „Erwähnt sei, daß die seelische Gesundheit des einzelnen weitgehend abhängt von dem Grade der Übereinstimmung seiner Lebensführung mit seinem Individualgewissen und so zugleich mit seinem Wesensgesetz. Nicht wenige Neurosen wurzeln in einer Flucht aus der Verantwortung, d. h. vor dem eigenen Gewissen ... Wo immer die Neurose aus einer Flucht vor dem Gewissen entstanden ist, liegt die Möglichkeit zur Heilung allein beschlossen in der Zurückführung der Persönlichkeit zum Gewissen und so in der Einigung mit sich selbst, mit ihrem Wesensgesetz." Wer den Ruf seines Gewissens überhört, der löst sich von seinem Selbst und verliert somit die Gewalt und die Kontrolle über sich selbst. Von seinen dunklen Triebkräften wird er hin und her geworfen. Mit der Rückkehr zu seinem Gewissen kommt er zur Herrschaft über sich selbst.

Nelly Dix (1924–1955), die vielseitig begabte Tochter des Malers Otto Dix, hat im Alter von 22 Jahren in sehr einfühlsamer Weise die Jona-Geschichte nacherzählt. Als Jona zu Hause von der Frage geplagt wurde, ob er nach Ninive aufbrechen soll oder nicht, da berührte ein ärmlich gekleideter Mann, der sich als ein Diener Gottes zu erkennen gibt, leicht und unaufdringlich seine Schulter und sagte ihm: „Jona, vergiß nicht Ninive, das von seinen Sünden erlöst werden soll. Jona, der Herr schickt dich nach Ninive." Jona antwortete ihm: „Du hast mir grad gefehlt! Was schert mich Ninive? Noch einmal sage ich dir: Ich habe nichts mit dir zu schaffen!" – „Aber ich mit dir", erwiderte der andere unbeirrt, „hörst du nicht, was dir der Herr befiehlt? Gehe und erfülle den Willen des Herrn!" Er verließ Jona nicht auf all den Wegen, die er dann ging; denn am Ende der

Erzählung wandte er sich erneut an Jona. Als dieser ihn von der Seite ansah, dachte er: „Er gleicht mir irgendwie ... Er könnte mein Bruder sein, nein, eigentlich könnte er ich selber sein. Ich bin vor ihm geflohen, wie man vor sich selbst flieht; ich habe gegen ihn gekämpft, wie man gegen sich selbst kämpft ... Eigentlich möchte ich gar nicht, daß er mich verließe. Es wäre, als wenn ich mich selbst verlassen würde, und wer soll mir sagen, was ich tun und lassen soll, wenn er nicht mehr da ist? Wenn ich ihn kränkte, hat es mir selbst weh getan, und es scheint mir, als sei er so, wie ich sein könnte, wenn ich ein guter Mensch wäre ..." In diesem Moment wandte sich der andere um. Er lächelte Jona an und sagte ihm: „O Bruder Mensch!" Und er umarmte und küßte ihn.

Dieser eigentümliche Dialog offenbart uns den Weg zu unserem Selbst, den Weg zu unserer eigenen Identität. Sie befähigt uns, unseren göttlichen Auftrag, unsere göttliche Bestimmung anzunehmen. Sie allein gibt uns festen Boden unter die Füße und bringt uns auf den Weg, der unser Weg ist. Was ist also das Gewissen, dieser treue Diener Gottes, der uns nicht verläßt? Es ist der Wegweiser zu unserer eigenen Identität und damit zur Überwindung all der Zwiespältigkeit, die es in uns gibt.

Hören auf die Stimme des Gewissens als dem Ort des in uns gegenwärtigen Gottes – das ist es also, was uns das Empfinden gibt, erst jetzt der

75

Mensch zu sein, der wir sein sollen und der außer sich vor Freude ist. Dieser Gedanke kehrt wieder in einem Gedicht von Hermann Claudius (1878–1980), dem Urenkel von Matthias Claudius. Es steht unter der bezeichnenden Überschrift „Die Wende" und hat folgenden Wortlaut:

Heut' lief mir etwas in den Weg.
Und einer sagt', daß ich es wäre.
So standen wir auf schmalem Steg
und sah'n uns an – bei meiner Ehre!

Und sah'n uns lange ins Gesicht
und haben lang uns angesehen.
Und jeder sprach: Du bist es nicht.
Und wollten beide weitergehen.

Und schritten zu – und einen Schritt:
Da war des Zwiespalts ich genesen.
Da ging der Andere lächelnd mit,
der Andere, der ich gewesen.

Gott kommt immer zum Ziel –
auch mit Jona

Der Herr aber bestimmte einen großen Fisch, Jona zu verschlingen. Jona war drei Tage und drei Nächte im Bauch des Fisches ... Hierauf gebot der Herr dem Fisch, und dieser spie Jona ans Festland. 2,1.11

D as Leben eines jeden Menschen wird durch vielerlei bestimmt und geprägt. Man denke etwa an seine Herkunft, an die äußeren Umstände, unter denen sich sein alltägliches Leben gestaltet, oder an die sozialen Verhältnisse, in denen er lebt. Hinzu kommt die Vielzahl seiner persönlichen Entscheidungen, durch die sein Lebensweg eine unverkennbare Richtung bekommt. Und doch erkennen wir mit zunehmendem Alter, daß nicht wir selbst die entscheidenden Lenker unseres Lebens sind. Irgendwie wächst in uns der Eindruck, daß wir von unsichtbaren Mächten geleitet und begleitet werden. Es ist das tiefe Gespür, daß ein anderer uns immer wieder still an die Hand nimmt und uns führt und das nicht selten in den entscheidenden Stunden unseres Lebens.

Das war und ist die unbeirrbare Überzeugung

aller großen Glaubenspersönlichkeiten. Dietrich Bonhoeffer verlor sie selbst in seiner Todeszelle nicht. Dort schrieb er einen Brief, in dem es heißt: „Bitte, mache Dir nie Sorgen und Gedanken um mich ... Gottes Hand und Führung ist mir so gewiß, daß ich hoffe, immer in dieser Gewißheit bewahrt zu werden. Du darfst nie daran zweifeln, daß ich dankbar und froh den Weg gehe, den ich geführt werde. Mein ganzes Leben ist übervoll von Gottes Güte, und über der Schuld steht die vergebende Liebe des Gekreuzigten."

Gottes Führung und Fügung – das ist der rote Faden, der die ganze Bibel durchläuft. Er durchläuft in auffallender Weise die gesamte Jona-Erzählung. Gott ruft den Propheten Jona und schickt ihn nach Ninive. Wie anders wäre sein Lebensweg verlaufen, hätte er sich einfach auf diesen Ruf eingelassen! Doch Jona will nicht. Durch seine Flucht verfängt er sich mehr und mehr. Trotzdem läßt Gott ihn nicht im Stich, denn wenn wir ihn auch verlassen, so verläßt er uns noch lange nicht. In seiner nie aufhörenden Liebe und Güte geht er seinem Propheten nach. Unmerklich schafft er Konstellationen, die Jona schließlich zu seinem Ursprung zurückführen. Ausdrücklich heißt es: „Das Wort des Herrn erging an Jona ... Der Herr aber warf einen heftigen Sturm auf das Meer ... Das Los fiel auf Jona ... Der Herr bestimmte einen großen Fisch, Jona zu verschlingen ... Hierauf gebot der Herr dem Fisch, und dieser spie Jona ans

Festland." Und im Fortgang der Geschichte lesen wir: „Darauf erging das Wort des Herrn zum zweiten Mal an Jona ... Da reute Gott das Unheil, das er ihnen angesagt hatte, und er ließ es nicht hereinbrechen ... Da ließ Gott, der Herr, eine Rizinusstaude wachsen ... Gott bestimmte einen Wurm, der die Rizinusstaude stach, so daß sie verwelkte. Als dann die Sonne aufging, schickte Gott einen heißen Ostwind." So schafft Gott immer wieder neue Voraussetzungen, um mit Jona doch noch ans Ziel zu gelangen; denn Jona ist ihm wichtig. Wäre es nicht so, er hätte gewiß einen anderen Boten geschickt.

So weist uns auch die Jona-Geschichte darauf hin: Alles in dieser Welt, jedes Geschöpf, jedes Ereignis und jede Konstellation stehen in Gottes großem Heilsplan. Nichts geschieht ohne Gott. Selbst das, was nach „Zufall" aussieht, wie zum Beispiel das Los, das auf Jona fällt, ist von Gott gefügt. Es gibt die Freiheit des Menschen; aber es gibt noch etwas anderes, das größer ist, und das ist die Liebe Gottes, die immer im Hintergrund unseres Lebens wirksam ist, uns zur Rettung und zum Heil.

Hier kann uns bewußt werden, daß unser Glaube im Tiefsten und Innersten „Vorsehungsglaube" ist. Das heißt: Der wahrhaft Glaubende vertraut auf Gottes Führung und Fügung, auch wenn er oft genug die Wege Gottes weder im eigenen Leben noch im Gang der Weltgeschichte be-

greifen kann. „Sage (also) ja zu den Überraschun-
gen, die deine Pläne durchkreuzen, deine Träume
zunichte machen, deinem Tag eine ganz andere
Richtung geben, ja vielleicht deinem Leben. Sie
sind nicht Zufall. Laß dem himmlischen Vater die
Freiheit, selber den Verlauf deiner Tage zu bestimmen" (Dom Helder Câmara). Je mehr sich der gläubige Mensch darauf einläßt, je mehr er sich Gottes
Führung überläßt, um so göttlicher wird sein Leben; denn unser Leben wird immer so, wie der ist,
dem wir es in die Hände legen.

Zugleich kann uns in diesem Zusammenhang
aufgehen, was das Wort „Hoffnung" bedeutet. Sie
lehrt uns, auch dann noch an das Licht zu glauben,
wenn uns nur noch Finsternis umhüllt. Sie läßt
uns an das Land glauben, auch wenn davon absolut nichts zu sehen ist. Im Bauch des Fisches
konnte Jona nicht einmal erahnen, wie nahe er bereits dem rettenden Ufer war.

Aus diesem Grund ist es gut, sich ständig in
Gottes Liebe und Güte zu vertiefen. Denn wo der
Glaube an Gottes Führung schwindet, da wächst
der Glaube an ein blindes Schicksal und an die
menschliche Unfreiheit, was nicht immer, aber
auch nicht selten ein moralisches Nachspiel hat.
So schreibt Paul Claudel im Rückblick auf die gottlose Zeit seines Lebens: „Ich glaubte, alles sei ‚Ge-
setzen' unterworfen und diese Welt sei eine
Verkettung von Ursachen und Wirkungen, die die
Wissenschaft bereits übermorgen entwirren

würde. All das kam mir im übrigen sehr betrüblich und höchst unbefriedigend vor … Zudem führte ich ein unmoralisches Leben und fiel nach und nach in einen Zustand tiefer Niedergeschlagenheit." Innere Ruhelosigkeit und Heimatlosigkeit waren ihm zur Gewohnheit geworden.

Wer nicht in der Oberflächenströmung irdischen Daseins, sondern aus dem Quellgrund seines Glaubens lebt, weiß sich beheimatet in der Grundwahrheit, daß jeder einzelne Mensch aus einer persönlichen Liebe stammt, daß Gott mithin um jeden einzelnen weiß und um ihn besorgt ist.

Eine solch persönliche Vorsehungserfahrung findet sich in Newmans Predigt vom 5. April 1835 über „Die besondere Vorsehung, im Evangelium offenbart". In dieser wohl schönsten und lebendigsten Darstellung der individuell-persönlichen Vorsehung heißt es:

„Gott sieht dich als Einzelwesen, in der Lage, in der du gerade bist. Er ‚ruft dich bei deinem Namen' (Jes 43,1). Er sieht dich, und er versteht dich; denn er ist dein Schöpfer. Er weiß, was in dir vorgeht; er weiß von all deinem persönlichen Fühlen und Denken, deinen Anlagen und Neigungen, deiner Kraft und Schwäche. Er sieht dich in den Tagen der Freude und in den Tagen der Trübsal. Er nimmt teil an deinen Hoffnungen und deinen Versuchungen. Er ist Mitwisser um deine Ängste und Erinnerungen, um das Auf und Ab deiner Stimmungen. Er hat die Haare deines Hauptes und die

Ellen deiner Körperlänge gezählt. Er umschließt dich rings und trägt dich in seinen Armen. Er hebt dich auf und setzt dich nieder. Er beobachtet dein Antlitz, ob es lächelt oder weint, ob es gesund oder krank erscheint. Er hört das Pochen deines Herzens und den Atem deiner Brust. Du liebst dich selber nicht mehr, als er dich liebt. Du kannst nicht erschreckter vor einer Prüfung erbeben, als er teilnehmend sie mit dir tragen will; und er legt sie dir mit einer solchen Rücksicht auf, wie nur du selbst es um eines größeren Gutes willen tätest, wenn du weise wärest. Du bist nicht nur sein Geschöpf, obwohl er auch für die kleinen Sperlinge sorgt und sich des Viehs von Ninive erbarmt (Mt 10,29; Jona 3,7 ff.). Du bist ein Mensch, erlöst und geheiligt, sein angenommenes Kind, und hast gesegneten Anteil an jener Herrlichkeit und Seligkeit, die er von Ewigkeit in Fülle seinem eingeborenen Sohn schenkt. Du bist erwählt, sein eigen zu sein ..."

Diese Worte sind zugleich ein guter Kommentar zu einer Erzählung, die in verschiedenen Versionen um die Welt ging, so daß man unterwegs den Namen ihres Verfassers verloren hat: „Ich träumte eines Nachts, ich ging am Meer entlang mit meinem Herrn. Und es entstand vor meinen Augen, Streiflichtern gleich, mein Leben wie Fußspuren im Sand. Nachdem das letzte Bild an uns vorbeigeglitten war, sah ich zurück und stellte fest, daß in den schwersten Zeiten meines Lebens nur die Spur von einem Paar Füßen im Sand zu sehen war. Das verwirrte mich sehr, und ich wandte mich an den Herrn: ‚Als ich dir damals alles, was ich hatte, übergab, um dir zu folgen, da sagtest du, du würdest immer bei mir sein. Warum hast du mich verlassen, als ich dich so verzweifelt brauchte?‘ Der Herr nahm meine Hand: ‚Geliebtes Kind, nie ließ ich dich allein, und schon gar nicht in Zeiten der Angst und Not. Wo du nur ein Paar Spuren im Sand erkennst, das war an den Tagen, wo ich dich getragen habe.‘"

Dieser Glaube schenkt die Gewißheit, daß wir in keinen Abgrund fallen können als immer nur in den der Hände Gottes. Mit anderen Worten: „Denen, die Gott lieben, gereicht alles zum Guten" (Röm 8,28). Augustinus fügt dem folgerichtig hinzu: „Etiam peccata – Auch die Sünden!" Glücklich ist, wer in diesem Glauben lebt. Denn mit diesem verbinden sich eine innere Leichtigkeit und Einfachheit. Sie sind die beiden Flügel eines jeden großen Lebens, getragen von dem unerschütterlichen Vertrauen, daß Gott mit uns geht und daß ihm nichts unmöglich ist. Von Gott getragen, kann man vieles ertragen; von Gott gehalten, kann man durchhalten. Dazu gehört auch, daß seine Zumutungen uns nicht überfordern. Irgendwann einmal wird sich das uns Zufallende als das uns Angemessene, als das uns Zugemessene erweisen.

DRITTES KAPITEL

STIRB, DAMIT DU LEBST

Ninive – die Stadt, die glaubt

Die Leute von Ninive glaubten an Gott. Sie riefen ein Fasten aus, und alle, vom Größten bis zum Kleinsten, zogen Sackkleider an ... Und Gott sah ihre Taten, wie sie von ihrem bösen Weg umkehrten. Da reute Gott das Unheil, das er ihnen angesagt hatte, und er ließ es nicht hereinbrechen.   3,5.10

Der bekannte Religionsphilosoph Romano Guardini wurde über achtzig Jahre alt. Nach diesem langen Leben sagte er kurz vor seinem Tod: „Je länger man lebt, desto deutlicher sieht man, daß die einfachen Dinge die wahrhaft größten sind. Darum sind sie auch am schwersten zu bewältigen." Das gilt vor allem für die Wege, die Gott uns weist. Wie einfach sind sie in der Regel; und doch – wie schwer tun wir uns oft, sie zu gehen. Man denke an den Propheten Jona. Wie lange brauchte er, was mußte er nicht alles durchmachen – auf dem Schiff, im wilden Meer und im Bauch des Fisches –, bis er bereit war, nach Ninive zu gehen, um dieser „Stadt ohne Gott" den Untergang zu prophezeien!

Durch wie viele innere Läuterungsprozesse müssen auch wir hindurch, um einfach zu tun, was getan werden muß? Ich denke hier an eine junge Frau. Sie hatte eine Freundin, die nach vierjähriger schwerer Krankheit starb. An ihr erlebte sie diesen Prozeß zum Einfachsein hin. Nachdem ihre Freundin gestorben war, sagte sie: „Durch sie habe ich erfahren, was Liebe ist. Ich habe gesehen, wie wenig ich Liebe zeige; wie wenig ich Liebe annehmen kann. Und wenn ich Menschen begegne, wie schwer fällt es mir dann, nicht nur die Maske von jemandem zu sehen und zu sagen: ‚Was ist das für ein blöder Typ!‘, sondern zu erkennen: ‚Da ist noch etwas in jedem Menschen, das tiefer und größer ist!‘ Wie oft verurteile ich in meinem Leben Menschen, anstatt sie einfach anzunehmen?" Wie kommen wir zu solcher Einfachheit?

Schauen wir in die Jona-Geschichte. Im 3. Kapitel erzählt sie, wie der kleine Jona in die große und böse Stadt geht, um ihr mit wenig Mut und viel Angst zu sagen: „Noch vierzig Tage, und Ninive ist vernichtet." Das ist alles, was er herausbringt; dann läuft er davon. Das heißt für uns und unsere Frage: „Gib das, wozu du augenblicklich fähig bist! Mag es noch so wenig sein, es ist ein erster Schritt auf dem Weg zu deiner Einfachheit."

Der Hinweis „Gib das, was du augenblicklich geben kannst!" hat aber noch eine andere Dimension. Denn das Wenige, das wir geben, ist in Gottes Augen immer viel. Keiner weiß, was Gott daraus hervorgehen läßt. Das kurze Wort, das Jona in die gottlose Stadt hineinrief, bewirkte jedenfalls eine Umkehr der Bewohner, mit der keiner rechnen konnte.

Umkehr – was ist das eigentlich? Irgendwie wissen wir das alle; denn oft genug schon haben wir uns auf Wegen verlaufen und sind umgekehrt. Auch wissen wir, daß eine Umkehr uns nicht allzu schwer fällt, wenn wir nur so dahinschlendern. Das ändert sich jedoch, sobald es für uns zur Gewohnheit geworden ist, denselben Weg zu gehen. Und auch dies ist uns nicht unbekannt: Je länger der Weg ist, den wir bereits hinter uns haben, um so mehr spüren wir einen inneren Zwang, ihn wie bisher weiterzugehen. Es ist, als hätte uns der bereits zurückgelegte Weg in seiner Gewalt. Das gilt nicht nur für den Weg, den wir täglich gehen. Es gilt auch für unseren Lebensweg.

Daher können wir jene verstehen, die von der Veränderbarkeit eines Menschen zum Besseren hin wenig halten. Erwähnt sei hier zunächst ein Wort des Propheten Jeremia: „Ändert wohl ein Schwarzer seine Hautfarbe oder ein Leopard seine Flecken? Ebensowenig könnt auch ihr euch ändern, die ihr ans Böse gewöhnt seid" (13,23). Bekannt ist auch, daß ein Mensch sich mit seiner Veränderung um so schwerer tut, je älter er ist. Aber auch einem jungen Menschen fällt es nicht leicht, seinem Leben eine andere Richtung zu geben. Hinzu kommen unsere eigenen, oft deprimierenden Erfahrungen, wie mühsam es ist, irgendeinen Fehler zu verlassen, und wie kurzatmig die besten Vorsätze sein können. All das zeigt, warum man einer wirklichen Umkehr wenig Chancen gibt.

Und dennoch ist es ein Hauptthema der Bibel, daß Umkehr möglich ist. Aber sie ist nur möglich in Verbindung mit dem Glauben. Der Glaube ist die Kraft der Umkehr. Ohne sie bleibt jede Umkehr immer nur ein Versuch. Daher können wir sagen: Umkehr ist in dem Maße möglich, wie man glaubt. Daher verkündet Jesus: „Alles kann, wer glaubt" (Mk 9,23). Erklärend heißt es (Mt 17,20): In der Kraft des Glaubens wird er Berge versetzen und über Abgründe hinweggehen. Solch unerschütterlicher Glaube macht Umkehr möglich. Für die Echtheit dieser Überzeugung steht Ninive, die Stadt voller Bedenkenlosigkeit und Gewalttätigkeit. Von ihr heißt es: „Und die Leute von Ninive glaubten Gott" (3,5) und änderten ihr Leben.

Dieser Glaube der Niniviten offenbart unausgesprochen etwas sehr Wichtiges; denn jeder, der das Wort Gottes in sich aufnimmt, wird alsbald erfahren, daß Gegenkräfte in ihm lebendig werden, die auf vielfache Weise versuchen, das Gehörte zunichte zu machen. Erst wenn diese Gegenkräfte zum Schweigen gebracht werden, entsteht jener Raum, in dem sich das Wort Gottes entfalten kann. Am konkreten Verhalten der Niniviten zeigt sich deutlich, daß eine solche Auseinandersetzung

nicht ohne äußerste Anstrengung und auch nicht
an einem Tag vollzogen werden kann. Dieses
gläubige Verhalten ist es, was Ninive unsterblich
macht. Daß Ninive sich bekehrt, ist etwas, das keiner für möglich gehalten hätte. Alles war so festgefahren, daß eine Änderung unvorstellbar
schien. Doch das Unerwartete passierte – nicht
nur für Jona, sondern auch für uns.

Was aber war es, das die Niniviten zu diesem
Glauben ermutigte? Wahrscheinlich nicht die
Angst vor dem Untergang; denn die Angst vermag nicht zu leisten, was in den Mauern von Ninive geschah. Es war vielmehr das Gespür: Da ist
einer, der uns trotz allem liebt und der uns deshalb „Druck" macht. Wir können also nur glauben,
weil Gott an uns glaubt, weil Gott uns unbeirrbar
liebt. Daher bedeutete Glaube für die Niniviten:
„Gottes Wort hören, es ernsthaft bedenken, es in
unser Leben aufnehmen, sich von ihm bestimmen
lassen und sich völlig seiner Liebe überlassen."

Man kann es auch so sagen: „Sein Schicksal ver-
trauend in Gottes Hände legen." Das wird uns spä-
testens dann abverlangt, wenn wir in das Dunkel
unseres Todes gehen. Was da gekonnt sein muß,
ist vorher in den unterschiedlichen Situationen
des Glaubens einzuüben. In diesem Zusammenhang ist der Hinweis des Königs bemerkenswert:
„Wer weiß, vielleicht reut es Gott noch einmal"
(3,9). Dieses „Wer weiß, vielleicht" ist Ausdruck
eines grenzenlosen Vertrauens in Gottes Güte. Es

bekundet, daß Vergebung unverdienbare Gnade ist, daß sie das freie Geschenk eines über alle Maßen liebenden Gottes ist. Die Größe des Glaubens der Niniviten liegt demnach darin, daß sie ihr ganzes Vertrauen auf dieses ungewisse Vielleicht setzen. Sie liegt in der Hoffnung, daß Gott seine Androhung aus Mitleid widerruft. Dem entspricht das Wort der hl. Teresa von Ávila: „Gott liebt es, wenn man seinem Tun keine Grenzen setzt."

Wie aber hat man das Wort von der „Reue Gottes" zu verstehen? Es bedeutet: Gott zerbricht sein Urteil; aufgrund unseres Glaubens und unserer Umkehr stoppt er die Zwangsläufigkeiten, die Konsequenzen, die wir durch unsere vorausgegangenen Verhaltensweisen heraufbeschworen haben. Es ist also möglich, Gott in seinem Verhalten umzustimmen.

Der Hinweis „Und die Leute glaubten Gott" (3,5) ist somit eine Beschämung für Jona. Aber nicht nur für ihn, sondern auch für uns; denn auch wir haben nichts vorzuweisen, was diesem Glauben entsprechen könnte. „Die heutige Welt, deren Tage gezählt sind, und die Kirchen in ihr werden sich neu prüfen müssen, ob ihr Glaube und ihre Hoffnung mit Ninive konkurrieren können" (Hans Walter Wolff). Sagen wir es positiv: Der Glaube der Niniviten ist eine Herausforderung an unseren Glauben; denn Ninive ist unsere Welt, die Welt, wie sie jeden Morgen in unseren Zeitungen in Erscheinung tritt, eine Welt voller Mord,

Betrug und Illusionen. Doch genau diese Welt, so sagt uns Ninive, ist heilbar und jeder einzelne in ihr.

Erwähnen wir noch jene beiden Eigenschaften, die am Glauben der Niniviten besonders deutlich werden. Ich meine zunächst ihre Unmittelbarkeit. Obwohl sie vierzig Tage Zeit haben, ihr Leben zu ändern und die Katastrophe abzuwenden, warten sie mit der Umkehr nicht bis zum 39. Tag, sondern sie beginnen sofort. Das „Sofort" spielt ja in allen biblischen Berufungsgeschichten eine entscheidende Rolle. Aus diesem Grund sagt die hl. Therese von Lisieux: „Warten Sie nie bis morgen, um damit zu beginnen, heilig zu werden", das heißt, aus dem Glauben zu leben. Man denke auch an die Bedeutung des „Heute" in der Bibel: „Heute, wenn ihr seine Stimme hört, verhärtet euer Herz nicht" (Ps 95,8).

Wie sonderbar und doch wie menschlich nimmt sich in diesem Zusammenhang ein Wort von Augustinus aus, das sich in seinen „Bekenntnissen" findet: „Da gab es nichts, was ich dir hätte antworten können, als du zu mir sagtest: ‚Steh auf, der du schläfst, und aufsteh von den Toten!'" Doch auf diesen Anruf antwortete Augustinus nur mit einem säumigen und träumigen „Gleich": „Aber auf das ‚gleich, gleich' geschah doch nichts dergleichen, und das ‚laß mich nur ein wenig noch' zog sich in die Länge" (8,5).

Mit jener Unmittelbarkeit der Niniviten verbindet sich wie von selbst eine zweite Eigenschaft: ihre Entschiedenheit. Sie hatten nicht mehr sich selbst, sondern Gott im Auge, in dessen Kraft Unmögliches möglich werden kann. Daher lesen wir im Buch Ijob (22,28): „Was du beschließt, das wird dir gelingen, und Licht erstrahlt über deinem Weg." So zeigt sich auch von hier her, daß sich durch gläubige Entschiedenheit alles erreichen läßt; denn sie ist das Zusammenwirken von menschlichem Willen und Gottes Kraft. Das einzige, was den Menschen seelisch müde und krank macht, das ist seine Unentschiedenheit.

Unmittelbarkeit und Entschiedenheit machen die Echtheit des Glaubens aus. Im Hinblick auf die Niniviten bleibt zu sagen: „Und Gott sah ihre Taten, wie sie von ihrem bösen Weg umkehrten. Da reute Gott das Unheil, das er ihnen angesagt hatte, und er ließ es nicht hereinbrechen" (3,10).

JEDE UMKEHR VERLÄUFT NACH DEM GESETZ: STIRB UND WERDE

Sie riefen ein Fasten aus, und alle, vom Größten bis zum Kleinsten, zogen Sackkleider an. Und als die Nachricht davon den König von Ninive erreichte, erhob er sich von seinem Thron, warf sein Herrschergewand von sich, zog ein Sackkleid an und setzte sich in die Asche. 3,5b–6

„Stirb und werde!" – dieses kurze Wort, von Goethe geprägt, hat es zur Weltgeltung gebracht; denn aus diesem Wort „spricht eine menschliche Weisheit, die zum bleibenden Vermächtnis des Dichters an die Nachwelt gehört" (Friedrich Wulf). Der Dichter schrieb es in seiner Altersphase. Es steht im „West-östlichen Divan", im Gedicht „Selige Sehnsucht", das 1814 niedergeschrieben wurde. Die letzte Strophe hat folgenden Wortlaut:

„Und so lang du das nicht hast,
Dieses: Stirb und werde!
Bist du nur ein trüber Gast
Auf der dunklen Erde."

Diese Verse haben ihren Hintergrund. Der fast sechzigjährige Dichter verstrickte sich im Winter 1807/1808 in eine gewagte Zuneigung zur achtzehnjährigen Wilhelmine Herzlieb, der Pflegetochter im Hause des Verlegers Frommann, in dem er verkehrte. Diese Liebe nahm ihn vollkommen gefangen. Sie besetzte sein Innerstes und warf ihn völlig aus dem Gleichgewicht. Mehr noch: Sie drohte ihn in seinem Selbst zu zerstören. Nach schweren inneren Kämpfen trennte er sich schließlich von dieser jungen Frau. Damit begann für ihn die Schaffensperiode seiner Altersphase.

„Stirb und werde!", das bedeutet für Goethe: „Einverständnis mit der notwendigen Korrektur, Bejahung der inneren Umstellung und Neuwerdung" (Ida Cermak). Damit bestätigt sich, was wir an früherer Stelle im Hinblick auf Jona festgestellt haben. Wer sich durch sein Gewissen zu sich selbst zurückführen läßt, der steht am Anfang einer neuen Schaffensperiode. So wurde selbst Jona im Fischbauch zu einem Dichter.

„Stirb und werde!" – das ist der Ruf, der täglich an jeden Menschen ergeht, beispielsweise in Augenblicken der Begierde, der Habsucht, der Aggressivität, der Traurigkeit oder des Selbstmitleids. Erst wenn der Mensch diesen Ruf vernimmt und sich darauf einläßt, wird es wirklich „Tag" für ihn. Es bricht in ihm das Licht von innen auf. Die innere Dunkelheit schwindet dahin. Eine neue

Welt öffnet sich, und ungeahnte Kräfte werden frei. Eine tiefe Daseinsfreude tut sich kund.

Diese Erfahrung offenbart etwas von der unauflöslichen Einheit zwischen „Tod und Leben"; denn wie es ohne das Sterben kein Werden gibt, so gibt es auch ohne den Tod kein Leben. Das Einüben des täglichen Sterbens läßt uns somit von innen her erkennen, daß nicht der Tod, sondern das Leben das Letzte ist und daß die Rede vom Tod als dem Tor zum Leben keineswegs aus der Luft gegriffen ist.

Damit deutet sich noch etwas an: Das Wort „Stirb und werde!" beschreibt die Umkehr vom Traumweg nach Tarschisch zur Wirklichkeit in Ninive als dem Ort, wo wir unseren göttlichen Auftrag zu erfüllen haben. Jeder, der zu Gott gelangen will, muß diesen Weg gehen. Einen anderen gibt es nicht. Es ist der Weg vom süßen Traum zur harten Wirklichkeit, in der sich Gott verborgen hält.

Wie aber gelangen wir auf diesen Weg? Darauf antwortet die Jona-Geschichte durch das Verhalten der Niniviten. Nachdem sie den Anruf Gottes gläubig in sich aufgenommen hatten, riefen sie ein Fasten aus und hüllten sich in „Sackkleider". In diesem Fasten ließen sie sich auf jenes „Stirb und werde!" ein. Welche Bedeutung haben jene „Sackkleider", in die sie sich hüllten? Sie sind nichts anderes als „Besinnungskleider". Durch sie schützten sie sich vor allen Einflüssen von außen, um zu dem zu gelangen, was wir „Besinnung" nennen.

Was damit gemeint ist, veranschaulicht eine jüdische Weisheitserzählung. Sie findet sich bei Martin Buber. Wir geben sie leicht abgeändert wieder.

Ein Ungläubiger suchte einen Rabbiner auf, um ihn mit verschiedenen Fragen in seinem Glauben zu verunsichern. Zuletzt wollte er wissen: „Wie ist es zu verstehen, daß Gott zu Adam spricht: ‚Wo bist du?' Wenn Gott wirklich allwissend ist, dann hätte er diese Frage nicht zu stellen brauchen." Der Rabbiner erwiderte ihm: „Jede Zeit und jeder Mensch ist in der Schrift gegenwärtig; denn in jeder Zeit ruft Gott den Menschen an: ‚Adam, wo bist du?' Wenn Gott so fragt, dann will er vom Menschen nicht etwas erfahren, was er noch nicht weiß. Er will im Menschen vielmehr etwas bewirken, was nur durch eine solche Frage bewirkt werden kann, vorausgesetzt, der Mensch läßt sich von ihr in seinem Herzen treffen. ‚Adam, wo bist du?', das heißt also: ‚So viele Tage und Jahre deines Lebens sind bereits vergangen. Was hast du aus diesen Tagen und Jahren gemacht? Wo stehst du?' So spricht Gott etwa zu dir: ‚Sechsundvierzig Jahre hast du bereits gelebt. Was ist inzwischen aus dir geworden? Wo bist du angekommen?'" Als der Ungläubige die Zahl seiner Jahre hörte, legte er dem Rabbiner die Hand auf die Schulter und sagte ihm: „So wird es sein. Du hast gut geantwortet." Während dieser Worte begann jedoch sein Herz zu flattern.

Besinnung bedeutet also: die uralte und stets

neue Frage Gottes an den Menschen: „Adam, wo bist du?" auf sich selbst beziehen. Daher kommt zur Besinnung, wer sich fragen läßt: „Was hast du bislang aus deinem Leben gemacht? Was ist inzwischen aus dir geworden? Wo stehst du?"

Diese Frage machte jenen Ungläubigen so betroffen, daß sein Herz zu flattern begann. Nicht minder war es bei den Niniviten samt ihrem König. Von ihm heißt es: „Als die Nachricht davon den König von Ninive erreichte,

– erhob er sich von seinem Thron,
– warf sein Herrschergewand von sich,
– zog ein Sackkleid an
– und setzte sich in die Asche."

Wer ist dieser König? Dieser König steht für das Gute, das es unauslöschbar in uns gibt. Er ist mithin ein Sinnbild für unser königliches Herz, das sich von Gott immer wieder zur Besinnung und Umkehr rufen läßt. Er symbolisiert unser königliches Ich, das den Thron

– seiner Überheblichkeit,
– seiner Herrschsucht,
– seiner Selbstverliebtheit
– und seiner Eitelkeit

verläßt und sich in die „Asche" demütiger Selbsterniedrigung begibt. Dabei bleibt es der Phantasie eines jeden einzelnen überlassen, sich zu fragen, was die Symbolworte wie „Thron" und „Asche", „Herrschergewand" und „Sackkleid" im Hinblick auf ihn selbst bedeuten könnten. „Die Tiere ...

symbolisieren unsere primitiven, ‚tierischen' Bedürfnisse. Das ‚Fasten' ist ein bewußtes Sichwehren gegen die Bequemlichkeit und gegen den Konsumzwang, eine Absage an die Lust- und Genußgötter, ein Abwenden von dem falschen Zeitgeist" (Uwe Steffen). Damit wird deutlich, was die Worte „Stirb und werde!" meinen. Sie sind ein Aufruf, alles loszulassen.

Man könnte annehmen, das Loslassen gehöre zum Leichtesten, was einem Menschen abverlangt werden kann; denn anders als das Festhalten erfordert es keinerlei Anstrengungen. Daher könnte man meinen, jeder ziehe das Loslassen dem Festhalten vor. Doch so ist es nicht. Warum ist es so schwer, das Leben in Gelassenheit zu feiern? Weil es darauf ankommt, sich selbst ohne alle Absicherungen auf Gott hin loszulassen. Das geht aber nur, wenn man bereit ist, nicht nur dieses oder jenes, sondern alles loszulassen. Hinzu kommt, daß man alles auf Gott hin loslassen muß, sonst hat man letztlich gar nichts losgelassen; denn wirft man seine Nichtigkeiten nicht auf Gott, sondern anderswohin, dann kommen sie alsbald zurück und drangsalieren uns aufs neue.

Was aber sollen wir konkret loslassen? Zunächst einmal unsere Vergangenheit. Das können wir, weil Gott „das Gepäck unserer Vergangenheit" auf sich genommen hat, um es für uns zu tragen. Wo der Mensch alle seine Vergangenheitsbelastungen Gottes Liebe überläßt, da öffnet sich ihm eine neue Zukunft. Den Grund nennt Helmut Thielicke: „Wenn Gott von mir spricht, dann sagt er nicht: ‚Das ist der, der das und das getan hat', sondern er sagt: ‚Das ist der, mit dem ich – allem zum Trotz – dies und das vorhabe.'" Das ist der Grund, weshalb wir nicht nach hinten, sondern nach vorne schauen sollen.

Loslassen müssen wir vor allem unsere Gewalttätigkeit. Sie ist nicht selten ein Bestandteil des Bösen; denn oft genug bedient sich das Böse der Gewalt, um anderen den Lebensraum zu nehmen oder zu zerstören. So war es bei den Niniviten; so war es auch bei Jona: „Jona, obwohl er keine Macht und keine Waffen in seinen Händen hat ..., zerstört Leben, wird gewalttätig in seinem Denken und in seiner Existenz" (Elisabeth Moltmann-Wendel). Wieviel Gewalt gibt es auch in uns, in unserem Denken, Reden und Handeln? Und wie oft drückt sie sich aus in unserem Neid, in unserer Eifersucht, in unserer Mißgunst? Und wie oft gehen wir mit Gewalt gegen uns selber vor? Dabei ist die Gewalt immer etwas, das an uns klebt. Das Wort „kleben" sagt genau, worum es geht; denn immer ist das Böse und seine Gewalttätigkeit etwas, das uns wesensfremd ist.

Daher ist gewiß: Unsere neuen Kleider können nur Gewänder der Gewaltlosigkeit sein. Das sehen wir an Jesus. Als er sich zu Beginn seines öffentlichen Lebens taufen ließ, „da öffnete sich der Himmel, und er sah den Geist Gottes wie eine

Taube auf sich herabkommen" (Mt 3,16b). Als der von Gottes Geist Beherrschte setzte Jesus darauf, daß die Eigenschaften einer Taube stärker sind als alle Eigenschaften der Gewalt. Wer dies glaubt und danach handelt, der lebt seine Taufe, indem er auf alle Gewaltanwendung verzichtet. Er vertraut darauf, daß Gott ohne Gewalt siegen wird. Inwieweit also ist die Wesensart einer Taube die Eigenart meines Lebens?

Übersehen wir jedoch nicht: Das Loslassen all dessen, was uns wesensfremd ist, ist die höchste, aber auch die schwerste Kunst, die man als Mensch erlernen kann. Schwer ist sie, weil es dabei um einen schmerzhaften Ablösungsprozeß geht. „Wer die eigene Seele nur ein wenig kennt, weiß Bescheid darüber, wie lange es dauert und welch tiefgreifende Umwandlungen es fordert, bis ein solches Loslassen wirklich vollbracht, nicht nur gemeint, gewollt, beschlossen und ausgesprochen ist" (Ida Friederike Görres). Nur ein alles umfassendes Loslassen bringt eine tiefgreifende Wandlung in Gang. Ohne eine solche Wandlung, die immer das Ergebnis harter Arbeit ist, wird kein Mensch wirklich Mensch; denn einzig ein allumfassendes Loslassen weckt in uns die Sehnsucht, im Unendlichen aufzugehen und den Unendlichen in uns aufzunehmen.

Schließlich sei noch etwas zu einer oft gehörten Frage gesagt: „Was kann denn schon ein einzelner tun, um die Verhältnisse in dieser Welt zu verändern?" Auch darauf antwortet die Jona-Geschichte durch die Niniviten. Durch ihr Verhalten sagt sie uns: Die Bewegung, die unsere Welt wenigstens stückweise verändert, entsteht in der Regel „von unten". So war es damals in Ninive; so war es vor noch nicht langer Zeit hierzulande. Hier wie dort sehen wir Menschen, die mit Mut anfangen, anders zu denken und anders zu leben.

Und Gott sah ihre Taten, wie sie von ihrem bösen Weg umkehrten. Da reute Gott das Unheil, das er ihnen angesagt hatte, und er ließ es nicht hereinbrechen. 3,10

Was wäre eigentlich passiert, wenn sich Ninive nicht zu Gott bekehrt hätte? Was wäre aus Ninive geworden, wenn Ninive unverändert Ninive geblieben wäre? Diese Fragen lassen uns an Albert Camus denken, an seinen erfolgreichsten Roman „Die Pest". Darin geht es auch um eine Stadt, um die nordafrikanische Stadt „Oran". Ob nun Oran oder Ninive, der Name ist nicht entscheidend.

Eines Morgens trat der Arzt Dr. Bernard Rieux aus seiner Wohnung und stolperte mitten auf dem Flur über eine tote Ratte. Zunächst hielt man es für einen Bubenstreich. Doch die Zahl dieser verendeten Wesen nahm ständig zu. Hinzu kam ein bösartiges Fieber. Erst als die ersten Bürger diesem unerklärlichen Geschehen zum Opfer fielen, begann die Angst und mit ihr das Nachdenken: „Man stelle sich das Entsetzen in unserer kleinen

Stadt vor, die bis jetzt so ruhig gelebt hatte und nun in wenigen Tagen völlig aufgewühlt wurde, einem gesunden Menschen gleich, dessen dickes Blut plötzlich in Aufruhr gerät!" Da sich alle vom gleichen Schicksal bedroht fühlten, erkannten sie: „Jetzt ist einer wie der andere." Schließlich gab es keinen Zweifel mehr: Es ist die Pest! Da diese immer gefräßiger wurde, entschloß man sich notgedrungen, die Stadt völlig zu isolieren. Ihre Tore wurden geschlossen. Damit saßen alle in der gleichen Falle.

Diese Maßnahme veränderte die Situation der Stadt. Alles, Lebensmittel, Treibstoff, Elektrizität, wurde rationiert. So sah man, wie der Verkehr abnahm. Viele Läden wurden geschlossen, und in den Straßen waren kaum noch Menschen zu finden. Das verlieh Oran ein seltsames Aussehen. Dennoch kamen die Oraner nicht zur Besinnung. Alles erschien ihnen dringender als Gott.

Auf das Ungestüm der ersten Wochen folgte eine Niedergeschlagenheit, die eine Art des Sich-Dreinschickens darstellte. Die Erschöpfung raubte ihnen alle Illusionen. Währenddessen wurde das zügellose Genießen, von dem man träumte, ohne es befriedigen zu können, zur Sucht der ganzen Stadt.

Nachdem man den Eindruck gewann, die Pest habe sich auf ihrem Höhepunkt eingenistet, trat die Krankheit unverhofft ihren Rückzug an. Mehr und mehr gab sie ihre Stellungen auf und wich schließlich auf der ganzen Linie zurück. Das löste allerorts ein Freudenfest aus: „Auf allen Plätzen wurde getanzt. Der Verkehr hatte von einem Tag zum anderen beträchtlich zugenommen ... Die Glocken der Stadt läuteten ... In den Kirchen wurden nämlich Dankgebete gesprochen. Aber zur gleichen Zeit waren die Vergnügungsorte zum Bersten voll ... Alle schrien oder lachten."

Doch die Freudenschreie standen in einem seltsamen Gegensatz zu jenem unendlichen Leid, das sich in der Stadt ausgebreitet hatte. Das Leben normalisierte sich alsbald wieder, und die Menschen kehrten zu ihren alten Gewohnheiten zurück. Dr. Rieux aber wußte, „daß der Pestbazillus niemals ausstirbt oder verschwindet, sondern jahrzehntelang in den Möbeln und der Wäsche schlummern kann, daß er in den Zimmern, den Kellern, den Koffern, den Taschentüchern und den Bündeln alter Papiere geduldig wartet und daß vielleicht der Tag kommen wird, an dem die Pest zum Unglück und zur Belehrung der Menschen ihre Ratten wecken und erneut aussenden wird ..."

Camus' Roman ist nicht zuletzt ein Symbolroman: „Die Pest soll den gewöhnlichen Zustand der modernen Menschheit bezeichnen, an dem wir alle mehr oder minder teilhaben, indem wir in Gefahr stehen, anderen zu schaden und sogar Tod und Verderben über unsere Welt zu bringen. Diese Art der ‚Infektion' ist die ganz natürliche

Wirkung unseres Lebens im Geist unserer Zeit, und nur mit äußerster Achtsamkeit und Selbsterziehung kann es uns gelingen, daß wir wenigstens selbst die Seuche nicht weitergeben, während wir ihr (nach Ansicht von Camus) im Großen nichts entgegenzustellen haben" (E. M. Lüders).

Dieser Roman ist ein gutes Buch, denn er zeigt, daß uns oft erst die Not nach dem Sinn des Lebens fragen läßt. So schildert Camus Oran zunächst als eine im Materiellen und Sinnlichen versunkene Stadt. Ihre Bewohner arbeiten von morgens bis abends, aber sie tun es nur, um möglichst viel Geld zu verdienen. Die übrige Zeit verbringen sie im Kaffeehaus oder im Kino, mit Kartenspiel, Geschwätz oder mit Liebesvergnügen. Daß es darüber hinaus noch etwas anderes gibt, davon haben sie keine Ahnung. Sterben ist für sie nichts anderes als ein Hinübergleiten vom Sein ins Nichtsein. Erst die Pest bringt ihnen zu Bewußtsein, daß der Tod nicht nur ein Problem anderer ist. Er stellt sie alle in eine Reihe. Damit geht er jeden persönlich an.

Zudem zeigt Camus, daß die Not gutwillige Menschen zu hilfsbereiten Organisationen zusammenschließt. In solcher Hilfe sieht Camus den eigentlichen Sinn der menschlichen Existenz. Allein das Bemühen, alles Leid und alle Übel nach Möglichkeit zu vermindern, ist ihm wichtig. Obwohl der Arzt Dr. Rieux nicht an Gott glauben kann, geht er in seinem Dienst am leidenden Men-

schen restlos auf. Für ihn gab es „keine Angst seiner Mitbürger, die er nicht geteilt hätte, keine
Lage, die nicht auch die seine gewesen wäre". Seit-
dem er Menschen erlebte, die im Sterben „Nein!"
geschrien hatten, war der Kampf gegen den Tod
zum erklärten Ziel seines Lebens geworden.
Kämpfen und nicht betend auf die Knie fallen, das
war seine Devise. In einem Gespräch erklärte er:
„Da die Weltordnung durch den Tod bestimmt
wird, ist es vielleicht besser für Gott, wenn man
nicht an ihn glaubt und dafür mit aller Kraft gegen
den Tod ankämpft, ohne die Augen zu dem Himmel zu erheben, wo er schweigt." Doch dieser
Kampf führte mehr und mehr zu einer Müdigkeit,
mit der sich eine eigenartige Gleichgültigkeit und
Nachlässigkeit verbanden.

Aus diesen Hinweisen ergibt sich deutlich die
Absicht von Camus, die Welt ohne Gott zu deu-
ten. Nach ihm gibt es in dieser Welt keinen Traum,
keine Sehnsucht nach Erlösung, keine Hoffnung
auf ein Jenseits. Allein die Tatsachen haben Gel-
tung. Ihnen zufolge beherrscht nicht Gott, sondern der Tod die Welt.

Was Camus wie auch den Bewohnern von Oran
im Entscheidenden fehlt, ist der Glaube der Niniviten. Es fehlt ihnen der Glaube an die Heilbarkeit
des Menschen durch Gottes Macht und Kraft. Es
fehlt ihnen der Glaube, daß Gott in allem Geschehen wirksam ist, daß auch hinter einem tödlichen
Bazillus eine prophetische Botschaft steckt, die

uns zur Umkehr ruft. Es fehlt ihnen der Glaube, daß Gott den Menschen, jeden Menschen liebt, auch wenn dies aufgrund der täglichen Geschehnisse kaum zu glauben ist. Während die Oraner nur die Auswirkungen des Unheils bekämpfen, packen die Niniviten das Übel bei der Wurzel, indem sie ihren Unglauben als die Ursache allen Unheils besiegen. Weil die Niniviten Gott in ihre Mauern ziehen, öffnet sich ihnen eine neue Welt. Darin liegt ein Anspruch an uns: Bei aller Verschiedenheit unserer augenblicklichen Situation können wir doch dasselbe tun, nämlich Gott in unser Inneres hineinholen; denn es kann und wird nicht untergehen, wer Gott in seine Affäre hineinzieht. So sagt und zeigt uns Ninive, daß wir nie Grund haben, die Hoffnung zu verlieren, wenn wir Gott in unsere Not, in unsere Misere, in unsere Schuld aufnehmen. Das jedenfalls war es, was Ninive zu „einer Stadt der Hoffnung" werden ließ.

Wie aber kann so etwas geschehen? Womit sollen wir konkret beginnen? Welches Stadttor des in uns liegenden Ninive sollen wir als erstes öffnen, damit Gott in unsere Mitte kommt? Das Buch Jona sagt uns dazu keine Einzelheiten. Doch haben sich zu diesem Thema die Lehrer des geistlichen Lebens oft genug geäußert. Einhellig sagen sie hierzu:

„Fange an, wo du willst!" Vielleicht bist du ein Egoist, der immer nur seinen eigenen Vorteil sucht; vielleicht gibst du dir nur wenig Mühe, deine Triebe unter Kontrolle zu halten; vielleicht gehst du immer wieder leichtfertig mit der Wahrheit um; vielleicht verlangst du von anderen mehr als von dir selbst; vielleicht bist du neidisch und eifersüchtig, geschwätzig und geizig, überheblich und verächtlich. Dann fange an irgendeinem dieser Punkte an. Denn entscheidend ist nicht, wo wir anfangen; entscheidend ist vielmehr der ehrliche und entschlossene Wille, in der Kraft des Glaubens hier oder dort aufzuräumen, um so Gott Raum in uns zu geben und damit „heute noch" zu beginnen. Tun wir das, dann ändert sich von diesem Punkt aus unser ganzes Leben; dann ändert sich in irgendeiner Weise ganz Ninive, das in uns selber liegt. Wir werden lichtvoller, durchsichtiger und kraftvoller; denn mit jedem bewältigten Fehler fällt eine Maske, eine Mauer, die uns von anderen trennt. So ändert sich durch uns zugleich die Gemeinschaft, in der wir leben.

Das erlebten die Niniviten. Sie trieben „die Pest des Unrechts" aus ihrer Stadt, damit Gott in sie einziehen konnte. Auf diese Weise erfuhren sie, daß es noch etwas viel Interessanteres, Größeres, Faszinierenderes gibt als das eigene selbstsüchtige Ich. Sie entdeckten das göttliche Du. In den Schriften zum Chassidismus von Martin Buber findet sich ein Lied, das der Berditschewer immer wieder zu singen pflegte. Warum sollten wir es nicht wenigstens langsam und nachdenklich sprechen? In diesem Lied heißt es:

> Wo ich gehe – du!
> Wo ich stehe – du!
> Nur du, wieder du, immer du!
> Du, du, du!
>
> Ergeht's mir gut – du!
> Wenn's weh mir tut – du!
> Nur du, wieder du, immer du!
> Du, du, du!
>
> Himmel – du, Erde – du,
> Oben – du, unten – du,
> Wohin ich mich wende, an jedem Ende
> Nur du, wieder du, immer du!
> Du, du, du!

Was ist also das wichtigste Wort in unserem Leben? Es ist das kleine Wörtchen „Du", das göttliche Du. Wer sein Ich gläubig in dieses Du verliert und diesem Du Raum in sich selber gibt, der erfährt das Heil und weiß sich vom tödlichen Untergang errettet.

Von den Niniviten heißt es schließlich: „Und Gott sah ihre Taten, wie sie von ihrem bösen Weg umkehrten" (3,10). Wie vorher, so sieht Gott auch jetzt ihr Tun. Und dieses ihr Tun ist stärker als Gottes gegebenes Wort: „Noch vierzig Tage, und Ninive ist vernichtet." Gott hatte es angesagt. Der

111

Termin war beschlossene Sache. Das Schicksal der Stadt stand fest. Aber das Wort traf nicht ein. Irgend etwas hatte den erhobenen Arm Gottes aufgehalten. Was war es? Es war der Entschluß, Gott bei sich einzulassen und mit ihm einen neuen Anfang zu machen.

Durch den Neuanfang der Niniviten läßt sich Gott bewegen, das Letzte und Tiefste seiner Liebe zu verschenken. Anders gesagt: Sünder, die zu einem Neuanfang entschlossen sind, sind Gottes liebste Kinder, und die Vergebung der Sünden ist Gottes liebstes Werk.

*Und Gott sah ihre Taten, wie sie von ihrem bösen Weg
umkehrten.*   3,10

Offensichtlich beginnt in dieser Welt alles so
klein wie ein Senfkorn, aus dem sich dann
etwas entwickelt, was man sich am Anfang nicht
vorzustellen vermochte. Darüber dachte Sören
Kierkegaard einmal nach.

Man könnte meinen, es klinge allzu jugendbe-
wegt, was in seinen „Erbaulichen Reden" zu lesen
ist. Aber möglicherweise ist es das einzige, was
einen Menschen wirklich jung erhält, so alt er
auch ist oder werden mag. Kierkegaard schreibt,
jedem Menschen seien auf seinem Weg durch das
Leben zwei Weggefährten mitgegeben; der eine
rufe voran, der andere rufe zurück. Und obwohl
sie uns Unterschiedliches sagen, nie verwirren sie
uns durch ihren Ruf. Und auch dies ist eine Eigen-
tümlichkeit der beiden: Nie bekommen sie miteinander Streit; immer sind sie sich einig in dem, was
sie uns raten; denn „der eine ruft uns voran zum
Guten, der andere ruft uns zurück vom Bösen".

Sucht man in der Bibel nach einem ähnlichen Wort, so stößt man auf den Propheten Amos. Dieser prophezeite damals seinen Zuhörern: „Sucht das Gute, nicht das Böse; dann werdet ihr leben!" (5,14).

Sowohl das Wort des Philosophen als auch die Zusicherung des Propheten werden von der gleichen Erfahrung getragen: Nicht das Böse, nur das Gute läßt uns leben. Ob nicht dieser Gedanke auch die Niniviten dazu brachte, von ihren bösen Taten abzulassen? In Vers 3,10 heißt es: „Und Gott sah ihre Taten, wie sie von ihrem bösen Weg umkehrten."

Das erste, was wir hier sagen müssen, ist dies: Es gehört zum Wesen des Bösen, daß es keine Ruhe und deshalb auch keine Heimat schenkt. Es treibt uns vielmehr hin und her. Es macht uns haltlos und wankelmütig. Maxim Gorki hat ein Stück geschrieben mit dem Titel: „Nachtasyl. Szenen aus der Tiefe". Darin sagt der 28jährige Wasjka Pepel: „Ich glaub' an kein Gewissen ... Eins aber fühl' ich: Ich muß anders leben! Besser muß ich leben! So muß ich leben ..., daß ich mich selber achten kann ... 's ist kein leichtes Leben, das ich führe – so freudlos, so gehetzt wie ein Wolf ... Wie wenn ich im Moor versänke ... Wonach ich fasse, alles verfault ... Nichts gibt mir Halt ..." Wie Taumelnde oder Träumende führt uns das Böse durch seine schillernde Scheinwelt. Das bedeutet zugleich: Das Böse schwächt uns, es vernebelt un-

sere Sinne und Vorstellungen. Es stumpft unseren
Geist ab und zerstreut unsere besten Kräfte. So
lähmt es uns, macht uns müde, lebensmüde, dem
man, wie die Niniviten, durch Aggressivität zu
entkommen sucht. Daher stellt Kierkegaard die
Frage: „Ist nicht das Böse, ebenso wie die Bösen,
uneins mit sich selbst, gespalten mit sich selbst?"

Man denke an Augustinus, Inhaber eines be-
gehrten Lehrstuhles für Rhetorik in Mailand. In
seinen „Bekenntnissen" erzählt er, wie er auf dem
Weg zu einem Vortrag in einer der Gassen an
einem angeheiterten Bettler vorbeikam. In sorglo-
ser Fröhlichkeit machte dieser seine Scherze. Da
fragte sich Augustinus, wer von ihnen glücklicher
sei, der angeheiterte Bettler oder er, der innerlich
zerrissene Professor. Er gab sich selbst die Antwort: Gewiß, es ist ein Unterschied, woran sich
einer freut. Doch ohne Zweifel war der Bettler von
uns beiden der Glücklichere; denn er trank auf das
Wohl der Leute, während ich nur etwas sehr Win-
digem nachjagte. Er war in Freuden, ich in Äng-
sten; er sorglos, ich voll innerer Unruhe. Weil
mein Wille verkehrt war, erwuchsen aus ihm vielerlei Gelüste. Und da ich ihnen dienstbar wurde,
kam es zur Gewohnheit. Und da ich der Gewohnheit nicht widerstand, kam es zur Notwendigkeit.
Diese ineinandergefügten Ringe legten mich an
die Kette; sie machten mich kaputt. Ich wollte vor
mir fliehen. Doch wohin wäre ich mir nicht nach-
gefolgt? So war mein Leben. War's ein Leben?

115

Nur wer dies ein wenig nachvollziehen kann, wird verstehen, was Augustinus sagen wollte, als er schrieb: „Ruhelos ist unser Herz, bis es seine Ruhe gefunden hat in dir." Es ist vor allem diese Erfahrung, weshalb viele andere, und zu ihnen gehören die größten Heiligen, sich bei allem Trennungsschmerz vom Bösen abwandten, um sich Gott zuzuwenden, der der Inbegriff des Guten ist. Sie alle kamen an einen Punkt, an dem sie unmißverständlich erkannten: Das Böse kann nicht das Wahre sein. Das ist der eigentliche Hintergrund, aus dem das Wort stammt, zum Guten gebe es vor allem drei Wege: „Erstens durch Nachdenken: das ist der edelste. Zweitens durch Nachahmung: das ist der leichteste. Drittens durch Erfahrung: das ist der bitterste" (Konfuzius). Zu dieser Bitterkeit gehört nicht zuletzt die Enttäuschung, daß das Böse nie hält, was es verspricht. So zwingt es in ein tiefes Alleinsein: „Was geht das uns an? Das ist deine Sache" (Mt 27,4).

„Ruhelos ist unser Herz, bis es seine Ruhe gefunden hat in dir." Nur im Guten können wir wohnen; nur im Guten ist man zu Hause. Welch eine Ruhe spricht beispielsweise aus den drei Worten von Edith Stein, aufgeschrieben im Hexenkessel des Sammellagers von Westerbork: „Konnte herrlich beten!"

Man übersehe dabei nicht: Das Gute hat seine Rückwirkung auf den, der es sucht, auf den, der es tut. Es heilt unsere Wunden. Es läßt das Zerbrochene wieder zusammenwachsen. Es löst nicht wenige Schwierigkeiten und Probleme in nichts auf. Es eint unsere Kräfte. So macht es stark. Es läßt viel Zeit gewinnen, weil alles Hin und Her aufhört. Damit kommt Geradlinigkeit in das Leben. Es macht sehend für die Geheimnisse Gottes, die uns allerorts umgeben.

Vielleicht verstehen wir hier ein wenig, wie wichtig es ist, „mit dem Guten in der Entscheidung sein und bleiben zu wollen; denn die Entscheidung ist eben das entscheidende Alles" (Sören Kierkegaard). Das gilt sowohl für den Handelnden als auch für den Leidenden; denn auch der Leidende kann mit dem Guten in der Entscheidung sein. Was aber bedeutet das: „Mit dem Guten in der Entscheidung sein und bleiben wollen"? Es bedeutet, für Gott, in dem das Gute versammelt und verborgen ist, alles tun oder leiden wollen.

Doch übersehen wir nicht, daß sowohl die Anregungen zum Guten als auch zum Bösen meistens blitzartig kommen. Deshalb muß man den ersteren „sofort" mit einem entschiedenen Willen entsprechen, den letzteren hingegen „sofort" widersprechen. Nur das Sofort kann uns helfen, von allem Bösen wegzukommen, alle Wankelmütigkeit und Zwiespältigkeit zu überwinden. Dieses Sofort fällt am Verhalten Jesu unmittelbar in die Augen: Was er als gut erkennt, tut er sofort. Wenn er seine Jünger beruft, dann will er, daß sie sofort und ohne Aufschub kommen. Man denke hier an

jenen jungen Mann, der zu Jesus sagte: „Herr, laß
mich zuerst heimgehen und meinen Vater begraben!" Ihm erwiderte Jesus: „Folge mir nach; laß die
Toten ihre Toten begraben!" (Mt 8,21–22). So wird
das Sofort auch ein Kennzeichen der Jünger.

Die Niniviten hatten es vermocht: Sofort ließen
sie vom Bösen ab und taten das Gute. Wie kamen
sie zu dieser Entschiedenheit? Man kann es sich
nur durch die Kraft erklären, die im Anruf Gottes
gegenwärtig ist. Allein sie kann den Menschen
aus seinen vertrauten Lebenszusammenhängen,
aus seiner Verflochtenheit mit dem Bösen heraus-
lösen und in eine neue Welt hineinstellen, und
zwar sofort.

Am Ende der Schöpfungsgeschichte heißt es:
„Gott sah alles an, was er gemacht hat: Es war sehr
gut" (Gen 1,31). Das könnte ein Hinweis für uns
sein:

– Plane deinen Tag! Gott wußte, was er an den
einzelnen Tagen tun wollte.

– Man kann gewiß nicht jeden Tag etwas Gro-
ßes tun, aber gewiß immer etwas Gutes. Daher
frage dich beim Erwachen, ob du nicht wenigstens
einem Menschen an diesem Tag eine Freude machen kannst.

– Tu alles gern! Das Wort „gern" ist ein Wand-
lungswort. Es leuchtet wie ein Licht in unser Tun
hinein.

Die Niniviten, von denen uns gesagt wird: „Sie
kehrten um von ihrem bösen Weg" (3,10), fingen

an zu leben. Wer bekommt also eine Ahnung von dem, was Leben eigentlich ist? Die Sucher des Guten. Kann man über einen Menschen etwas Besseres sagen als dies: „Er war ein Sucher des Guten"?

VIERTES KAPITEL

GOTT NIMMT UNS IN SEINE SCHULE

Das aber mißfiel Jona sehr, und er wurde zornig. Er rief zum Herrn und sagte: „Ach Herr, war es nicht das, was ich sagte, als ich noch in meiner Heimat war? Deshalb wollte ich zuvorkommen, indem ich nach Tarschisch floh; denn ich wußte, daß du ein gnädiger und barmherziger Gott bist, langmütig und reich an Güte, den das Unheil reut. Darum nimm nun mein Leben von mir, Herr! Denn sterben ist besser für mich als leben." Aber der Herr erwiderte: „Ist es recht von dir, daß du zornig bist?" Jona aber ging zur Stadt hinaus und ließ sich östlich der Stadt nieder. Dort machte er sich eine Laubhütte und setzte sich in ihren Schatten, um zu sehen, was der Stadt widerfahren werde.   4,1–5

Eine jüdische Weisheitsgeschichte erzählt: In der Stadt Ropschitz pflegten die Reichen, deren Häuser einsam oder am Ende des Ortes lagen, Leute anzustellen, die nachts über ihren Besitz wachen sollten. Als Rabbi Naftali sich eines Abends spät am Rande des Stadtwaldes erging, begegnete er einem solchen Wächter: „Für wen gehst du?" fragte er ihn. Dieser sagte es ihm, doch fügte er die

Gegenfrage hinzu: „Und für wen geht Ihr, Rabbi?"
Diese Frage traf den Gefragten wie ein Pfeil.
„Noch gehe ich für niemand", brachte er nur mühsam hervor, während er lange schweigend neben
dem Wächter einherschritt. Schließlich fragte der
Rabbi: „Willst du mein Diener werden?" „Das will
ich gern, aber was habe ich zu tun?" fragte jener.
„Nichts anderes als mich zu erinnern!" antwortete
ihm Rabbi Naftali.

Diese kleine Weisheitsgeschichte bringt den
Sinn unseres Lebens zur Sprache. Wir müssen
einen haben, für den wir uns einsetzen, für den
wir gehen, arbeiten, uns abmühen und aufopfern.
Sonst wachsen wir nicht über uns hinaus. Unser
Leben wird nicht zu einem Weg. Wir bleiben stehen; kommen nicht weiter. Ein sonderbares Sinn-
losigkeitsgefühl breitet sich in uns aus.

Wieder steht uns Jona vor Augen. Nie geht es
ihm um mehr als um sein kleines Ich; nie geht es
ihm um mehr als um seine kleine, enge, ichverhaftete Theologie. Daher beantwortet sich im Hinblick auf ihn ziemlich genau die Frage, was an
einem ichverhafteten Menschen in besonderer
Weise auffällt.

Der ichverhaftete Mensch ist immer ein miß-
günstiger und rachsüchtiger Mensch, der Böses
mit Bösem zu vergelten sucht, während es die Absicht Gottes ist, das Böse durch das Gute zu überwinden. Dies paßt absolut nicht in den Denkhori-
zont von Jona hinein. Im Roman „Der Mann im

Fisch" von Stefan Andres gibt es eine Stelle, die sich hier zu lesen lohnt:

„Jona ritt noch eine Weile, bis er auf einer runden Kuppe anlangte, von wo er die Stadt in ihrer ganzen Länge und Breite überschauen konnte. Der Fluß schimmerte von hier oben wie eine silberne Schnur, die der Stadt um den Hals gelegt war. Ja, die Hand Gottes krümmte sich bereits, warum eigentlich wartete sie noch? Warum diese unnützen vierzig Tage? Wie waren sie überhaupt in seine Predigt hineingeraten? Jona rechnete sich aus, wie lange er an seinem Ausguck ausharren müßte. Diese vierzig Tage, die sich wahrscheinlich durch einen reinen Zufall in seine Predigt eingeschlichen hatten, ärgerten ihn nachgerade, und er fand es von Gott allzu aufmerksam, sich derart an die Worte seines Propheten zu halten."

Doch seine Predigt „Noch vierzig Tage, und Ninive ist vernichtet!" erfüllt sich nicht. Daher tritt der barmherzigen Du-Liebe Gottes die gekränkte Ich-Liebe des Jona entgegen. Das barmherzige Verhalten Gottes widerspricht völlig seiner Vorstellung, die er sich von Gott gemacht hat. Deshalb ist er von Gott enttäuscht und in seiner Prophetenehre getroffen. Er sollte ein Unheilsprophet für die Gottlosen sein. Daß er nun aber aufgrund des nichtgewollten Erfolgs seiner Predigt zu einem Heilspropheten geworden war, bringt ihn erneut in die Krise.

Hier zeigt sich etwas von der Ich-Schwäche, die

jedem ichverhafteten Menschen zu eigen ist. Wie dieser, so kann auch Jona nicht verlieren. Er kann es nicht ertragen, sich zu blamieren, gedemütigt zu werden. Den kürzeren zu ziehen empfindet er als Gesichtsverlust. Daher tritt er in die fürchterlichste Art von Streik: Er bittet Gott, seinem Leben ein Ende zu machen. Er glaubt, mit den Tatsachen fertig werden zu können, indem er erneut die Flucht in den Tod antritt. So etwas kommt in der Bibel nicht selten vor und gewiß nicht nur in der Bibel.

Wer befürchtet, seinem Ich eine Blöße zu geben, ist in der Regel ein rechthaberischer Mensch. Denn je schwächer das Ich eines Menschen ist, um so mehr versucht es, sich gegenüber anderen zu behaupten, sich ihnen gegenüber durchzusetzen, ihnen gegenüber recht zu behalten. So entwickelt sich der rechthaberische Mensch alsbald in einen geltungsbedürftigen, herrschsüchtigen „Miniaturtyrannen", der in allem seinen Willen und damit auch das letzte Wort haben will. Andernfalls wirft er die „Brocken" hin. Daher will Jona mit einem Gott, der seinen Erwartungen nicht entspricht, nichts mehr zu tun haben. In gewisser Weise ist er mit Gott fertig.

Aber eigentlich war er es immer schon, ob er sich dessen bewußt war oder nicht. Denn immer schon hat er Gott in das Gefängnis seiner kleinkarierten Vorstellungen eingesperrt. Als er aber bemerkt, daß diese seine Gottesvorstellung nicht trägt, da wird er einerseits aggressiv und andererseits depressiv. Aggressivität und Depressivität, Rechthaberei und Resignation hängen bei Jona – und nicht nur bei ihm – eng zusammen. Sie weisen auf seine gemütsmäßige Labilität hin. Damit wird offensichtlich, daß auch die vermeintliche Rechtgläubigkeit des Jona und sein Pochen auf vergeltende und strafende Gerechtigkeit nichts anderes sind als Ausdruck seiner eigenen Rechthaberei.

Selbst sein Gebet zu Beginn des 4. Kapitels (4,2 f.) ist Ausdruck seines rechthaberischen Trotzes. Sucht man den Ursprung für dieses sonderbare Verhalten, so führt der Weg bis ins Paradies zurück. Denn seit der Mensch vom Baum der Erkenntnis gegessen hat, glaubt er zu wissen, was gut und böse ist, glaubt er es besser zu wissen als Gott. Deshalb soll Gott sich so verhalten, wie der Mensch meint, daß Gott sich verhalten müsse. Tut Gott es nicht, dann nimmt der Mensch Ärgernis an ihm. Dieser Ärger kann – wie wir an Jona sehen – so weit gehen, daß der Mensch die Freude am Leben verliert.

Die „Rechtschaffenen und Frommen" heißen aber nicht nur Jona. Im Evangelium tauchen sie wieder auf: Der ältere Bruder des verlorenen Sohnes, der brav zu Hause geblieben war, für den Vater treu gearbeitet hatte, muß eines Tages zusehen, wie der Vater für den reumütigen Taugenichts das Mastkalb schlachtet. Dieses Gleichnis (Lk

15,11–32) erzählt Jesus den Pharisäern, als sie darüber murren, daß er die Sünder und Zöllner annimmt.

Immer läuft die Frömmigkeit Gefahr, Gottes Erbarmen denen nicht zu gönnen, die in Bosheit gelebt haben. Jona gönnt den Heiden Gottes Gnade
und Barmherzigkeit nicht. Anstatt sich über Nini-
ves Rettung zu freuen, wird er boshaft. So bestätigt sich durch Jona, was Zenta Maurina feststellt:
„Die Erfindungsgabe des Menschen ist groß, doch
nie ist sie größer als im Wunsch, den Mitmenschen eine Erniedrigung zuzufügen." Ähnliches
bemerkt Dostojewski: „In jedem Unglück eines
anderen liegt ja immer etwas, woran ein fremdes
Auge sich ergötzt – und das ist sogar bei jedem
Menschen der Fall, wer er auch sei." Demnach ist
die Schadenfreude in unser aller Leben hineinge-
woben. In der Schadenfreude kann man auf andere „von oben herab" schauen, das heißt mit
Verachtung. Verachtung aber gehört zu den größten Übeln, die der „menschgewordene Gott" beim
Namen nennt.

Das ist also der an sein kleines Ich gebundene
Jona. Dieses kleine Ich, das nach außen so mächtig
auftreten kann, innerlich jedoch voller Ohnmacht
ist, ist vor allem auf den eigenen Bestand bedacht
und sucht diesen ängstlich zu halten. Doch neben
diesem kleinen Ich gibt es in jedem Menschen
auch das große. Dieses sucht nicht sich selbst; es
will in erster Linie nicht haben, sondern geben,

nicht herrschen, sondern dienen. Nicht Gewalt, sondern Milde macht seine Stärke aus.

Im Schrifttum von Romano Guardini findet sich eine Stelle, die auf ihre Weise von der Gegenwart beider Ichformen in uns spricht: „Es bildet eines der tiefsten Paradoxe des Lebens, daß ein Mensch um so voller er selbst wird, je weniger er an sich denkt. Sprechen wir genauer: In uns lebt ein falsches Selbst und ein richtiges. Falsch ist das beständig betonte ‚Ich‘ und ‚Mir‘ und ‚Mich‘, das alles aufs eigene Gelten und Gedeihen bezieht, genießen und durchsetzen und herrschen will. Dieses Selbst verdeckt das eigentliche, die Wahrheit der Person. Im Maß das erste verschwindet, wird das zweite frei. Im Maß der Mensch in der Selbstlosigkeit von sich weggeht, wächst er in das wesenhafte Selbst hinein. Dieses blickt nicht auf sich, aber es ist da. Es erlebt sich auch – aber im Bewußtsein einer Freiheit, eines Offenseins, einer Unzerstörbarkeit von innen her. Der Weg, auf dem der Mensch das falsche Selbstsein abtut und in das eigentliche hineinwächst, ist jener, den die Meister des inneren Lebens die Loslösung nennen. Der Heilige ist jener, in welchem das erste Selbst ganz überwunden und das zweite frei geworden ist. Dann ist der Mensch einfach da, ohne sich zu betonen. Er ist mächtig, ohne sich anzustrengen. Er hat kein Begehren mehr und keine Angst. Er strahlt aus. Um ihn her treten die Dinge in ihre Wahrheit und ihre Ordnung. Sagen wir es

aufs Wesentliche hin: Der Mensch ist offen geworden für Gott. Und, wenn man es so ausdrük-
ken kann: durchlässig für Gott. Er ist ‚Türe‘, durch
welche seine Macht in die Welt einströmen kann."

Für wen gehst du? Oder fragen wir genauer: In
wessen Dienst stellst du dein Leben? In den
Dienst deines kleinen Ich oder deines großen?
Wieviel Aufschluß über unser Leben könnte uns
diese Frage geben? Jener Rabbi fragte den Wächter: „Willst du mein Diener werden?" Und als dieser ihn fragte, was er dann zu tun habe, sagte er
ihm: „Nichts anderes als mich zu erinnern." Was
brachte den Rabbi auf die Idee, diesen Wächter als
seinen Diener anzustellen? Es war ihm aufgegan-
gen, wie schnell wir uns an unser kleines Ich verlieren können.

JONA IST SICH SELBST DER ÄRGSTE FEIND
UND WEISS ES NICHT

Das aber mißfiel Jona sehr, und er wurde zornig ... Aber
der Herr erwiderte: „Ist es recht von dir, daß du zornig
bist?"   4,1.4

Zur Zeit, da ich mich in das Buch Jona vertiefte,
hörte ich in einer Radiosendung von einem
jungen Mann, der vor allem an seinem stets kor-
rekten und fehlerfreien Vater litt. Da der Leidens-
druck in ihm immer stärker wurde, versuchte er,
sich von diesem zu befreien, indem er jede Uhr,
auf die sein Auge fiel, zertrümmerte. Auch jetzt
zeigte der Vater wenig Bereitschaft zu einem Gespräch. Aus diesem Grund empfahl der Therapeut
dem jungen Mann, dem Vater einen Brief zu
schreiben. Darin heißt es:

„Du kommst mir uralt vor, obwohl du doch immer noch nicht sechzig bist. Du bist nicht dreißig
Jahre älter als ich, sondern fünfhundert. Seit Deinem 21. Lebensjahr hast Du Dich nicht mehr entwickelt. Du hast nicht mehr gelebt, nicht mehr
geliebt. Stolz bist Du, daß man Dich als Strafrich-
ter den Unbestechlichen nennt. Du bist stolz auf

die Gerechtigkeit, die Korrektheit Deiner Verhandlungen, Deiner Urteile. Deine Lieblingswörter sagen, wie Du bist oder Dich fühlst. Es sind Wörter wie: tadellos, einwandfrei, präzis, korrekt, fehlerlos. Mich wundert nur, daß Du nicht das Wort ‚unfehlbar' auf Dich anwendest. Zumute muß es Dir danach sein. Du bist rechthaberisch, nie an Dir selber, an Deinem Tun und Denken zweifelnd und reinlich. Ist es Dir schon einmal aufgefallen, wie merkwürdig es wirkt, daß Du Dir bei jeder Gelegenheit die Hände wäschst, so als müßtest Du Dich permanent von etwas reinigen, etwa von einer Schuld?

Wie Mutter Dich ausgehalten hat, jetzt freilich ist es mir ein Rätsel. Du hast sie nach Deinem Bild eingerichtet. Sie wischt unablässig Staub, wäscht, bügelt, mäht den Rasen und harkt abgefallene Blätter im Garten zusammen. Darin erkenne ich Deine Hand. Daß ich jetzt ausgeflippt – oder nenne es übergeschnappt – bin, darüber könnte ich mich jetzt auch fast wundern. Aber zum Glück warst Du doch nicht stark genug, mich am Überschnappen zu hindern. Zu meiner Freiheit gehört es vorläufig, daß ich mich nicht an Pläne und Planungen binden will. Ich möchte mich auf das Spiel des Unvorhersehbaren einlassen. Nicht das Leben in die Hand nehmen, sondern es zunächst einmal geschehen lassen. So verstehe ich es, daß ich um meiner Befreiung willen die Uhren zerstören mußte."

„Du bist nicht dreißig Jahre älter als ich, sondern fünfhundert Jahre!" Man fragt sich: Wie alt war eigentlich Jona seinerzeit? Zumindest muß er sehr viel älter ausgesehen haben, als er in Wirklichkeit war. Denn jede Form von Selbstgerechtigkeit, Selbstzufriedenheit und Selbstbezogenheit verzehrt eine Unmenge Psychoenergie. Vielleicht ist das ein Grund, weshalb Jona so oft die Lust am Leben verliert. Seinem literarischen Erscheinungsbild nach ist auch Jona ein uralter Mann.

Wie alt aber sind wir? Ich denke an Abraham. Noch im hohen Alter brach er auf, verließ sein Vaterland und zog durch die Wüste zu jenem Land, das ihm von Gott verheißen worden war. So gehört Abraham zu jenen Menschen, die das gläubige Bewußtsein haben, daß das Beste immer vor uns liegt. Von Abraham kann man sagen: Er war jung, obwohl er alt war. Von Jesus hingegen können wir sagen: Er war jung, und er blieb jung, solange er lebte. Dasselbe gilt von Stephanus. Wie alt aber waren diejenigen, die ihn zu Tode steinigten? Sie mögen jung gewesen sein, dennoch waren auch sie furchtbar alt.

Alt, selbst wenn jung an Jahren, ist demnach derjenige, der in seinen Anschauungen und Überzeugungen, in seinen Lebensgewohnheiten und Tagesabläufen festgefahren ist, der vom Leben nichts Besonderes mehr erwartet, der sich nicht mehr ändern will, der andere nicht gelten läßt, der nur noch auf Nummer Sicher geht und dem Unverhofften weder im Leben noch im Sterben eine Chance gibt.

Jung, selbst wenn alt an Jahren, ist hingegen, wer offen ist für das Ganze des Daseins, wer sich freut auf jeden neuen Tag und auf das, was er ihm bringen wird, wer sich immer wieder wundern kann und das Staunen nicht verlernt hat, wer den Gang des Lebens und den Lauf der Geschichte faszinierend findet, wer darauf vertraut, daß sich einmal alles zum Guten wenden wird. Daher noch einmal die Frage: „Wie alt sind wir?"

Beim Hören des Briefes kam mir noch eine andere Frage. Es interessierte mich, was zum Vater von Jona zu sagen ist. „Amittai" hieß er, das heißt übersetzt: Treue, Zuverlässigkeit. „Einen solchen Gott wie seinen Vater Amittai, Herrn Zuverlässig, wollte Jona, mit dem er rechnen konnte, der das hält, was er verspricht, der ihm Kontinuität gibt" (Elisabeth Moltmann-Wendel). Als er aber bemerkte, daß Gott nicht nur die Seinen liebt, sondern auch den sündigen Niniviten gegenüber nachsichtig, gütig und barmherzig ist, da wurde er ungehalten und zornig. Daß die Sünder, die umkehren und Buße tun, Gottes liebste Kinder sind, das konnte er nicht verstehen. Er wünschte sich einen Gott, der festbleibt, der sich durch nichts umstimmen läßt und alle gottlosen Menschen gnadenlos untergehen läßt.

Wie es aussieht, gehört Jona zu jenen Unglücksmenschen, die zu Hause nie spontane Liebe erfahren durften, sondern immer nur Liebe als Entlohnung für ein ordentliches Tun. Wie auch immer: Jona hat Angst vor Liebe. Angst vor der Liebe, das gibt es mehr, als wir glauben. Wir begegnen ihr in nicht wenigen Freundschaften, Ehen und Familien. Es ist die Angst, man könnte sich selbst verlieren; denn wer liebt, der läßt sich los ins Ungewisse hinein.

Letztlich geht es hier um die Angst, sich selbst zu lieben, sich selbst so anzunehmen, wie man wirklich ist. Jona kann sich selbst nicht lieben; deshalb liebt er auch die anderen nicht. Er ist sich selbst der ärgste Feind und weiß es nicht. Daher sieht er in seinen Mitmenschen immer seine Gegner. Er ist sich selbst der schärfste Gegner, der in ihm selber wütet.

Sich selbst zu lieben, das ist es also, was uns befähigt, auch mit anderen gütig und verständnisvoll umzugehen. Wie aber kommen wir dazu, uns selbst zu lieben? Ich glaube, daß dies nicht ohne eine Reise in die eigene Seele geht. Von Laktantius stammt das Wort: „Sie fahren an die fernsten Küsten, aber in ihre eigene Seele reisen sie nicht." Wer es wagt, diese Reise anzutreten, der wird alsbald auf eine Vielzahl von unkontrollierten Neigungen und wilden Trieben stoßen, die zudem noch miteinander im Streit liegen. In diesem Sinn schreibt Walter Nigg in seinem Buch „Große Heilige" mit der ihm eigenen Treffsicherheit: „Es ist oft nicht zu fassen, was alles im gleichen Menschen Platz hat. Aus Widersprüchen zusammengesetzt, hat er oft keine Ahnung, welche Gegensätze in ihm schlummern, mit welcher Selbsttäuschung er herumläuft und welcher Ausbrüche er fähig ist."

Seine Triebkräfte zähmen, das bedeutet: sie mit dem Licht des Himmels durchsonnen; sie in die Verantwortung nehmen; das heißt: sie vom Willen Gottes her lenken und leiten. Auf diese Weise integrieren wir sie in das Gesamt unseres Menschseins. Wo das geschieht, da verlieren sie ihre Bedrohlichkeit. Wir kommen zur Einheit mit uns selbst und erfahren Ruhe und Frieden. Wir empfinden eine tiefe Achtung und Liebe zu uns selbst und folglich auch zu anderen. Bemerkenswert ist, was Eugen Drewermann in diesem Zusammenhang schreibt: „Ein Mensch muß mit sich selber eins geworden sein, wenn er den ‚Löwen', wie es bei Jesaja heißt, als ein friedfertiges Tier neben dem ‚Lamm' lagern sehen will. Ganz deutlich geht es in diesen Bildern nicht um eine Einheit mit der äußeren Natur ... Einzig um den Menschen geht es, wie er mit dem Tierischen in sich selber einverstanden sein kann oder nicht. Die Tiere ... sind einzig Symbole der menschlichen Seele."

Wie weit ist Jona, der sich außerhalb von Ninive unter einem Laubdach eingerichtet hat, um begierig die Stadt in Flammen aufgehen zu sehen, von dieser Einheit mit sich selbst entfernt? Er bleibt in sich verschlossen. Deshalb ist er auch seinen Mitmenschen trotz räumlicher Nähe weit entfernt. Doch übersehen wir nicht: Wir selbst können mit anderen im selben Haus wohnen, ohne ihnen nahe zu sein. Aber es gibt nicht nur diese „verschlossene Nähe", die uns alt und hartherzig macht. Es gibt auch, wie Romano Guardini einmal sagt, die „offene Nähe". Sie ist das Geheimnis einer jeden tiefen Liebe, die damit beginnt, daß man liebevoll zu sich selber ist, und dies im gläubigen Bewußtsein, daß Gott uns liebt, und zwar so, wie wir jetzt in diesem Augenblick sind.

Es gibt keine Schuld,
die grösser ist als Gottes Liebe

Er rief zum Herrn und sagte: „Ach Herr, war es nicht das, was ich sagte, als ich noch in meiner Heimat war? Deshalb wollte ich zuvorkommen, indem ich nach Tarschisch floh; denn ich wußte, daß du ein gnädiger und barmherziger Gott bist, langmütig und reich an Güte, den das Unheil reut."

4,2

Von einem islamischen Mystiker wird erzählt, er habe seine Schüler einmal gefragt, worin das rechte Verhalten des Menschen Gott gegenüber bestehe. Sie antworteten: „Darin, daß man Gott liebt." Der Meister schüttelte den Kopf: „Nicht darin, daß ihr denkt, wir lieben Gott", sprach er. „Wer denkt, er liebe Gott, der steht noch unter dem Zwang. So sollt ihr sprechen: Ich glaube fest, daß Gott mich liebt. Das ist das rechte Verhalten des Menschen Gott gegenüber."

Dieses Wort enthält letztlich unser ganzes Glaubensbekenntnis; denn dieser Glaube ist es, der alles verändert. Warum? Unsere Liebe zu Gott ist nur als Antwort auf die Liebe Gottes zu uns möglich. Wer meint, sagen zu können: „Ich liebe Gott", der überschätzt sich selbst. Das bringt uns auf eine wichtige Spur: Damit wir Gott lieben können, muß er zu uns herunterkommen, da wir aus eigener Kraft nicht zu ihm heraufkommen können. Er muß sich auf unsere Ebene, auf unser Niveau herabbegeben.

Die erste Missionsreise, die uns aufgetragen ist, führt also immer in das eigene Herz. Und die Frohbotschaft, die wir uns selbst dort zu verkünden haben, lautet: „Du bist vom unendlichen Gott geliebt – trotzdem und dennoch!" Walter Nigg schreibt dazu: „Der Glaube an die alle Vorstellungen überragende Barmherzigkeit Gottes ist wahrhaftig keine Gefühlshäresie, sondern er gehört zur innersten Substanz des Christentums."

Hier erahnen wir etwas vom Geheimnis der Liebe Gottes. Sie ist ihrem Wesen nach eine barmherzige Liebe, das heißt, sie ist eine „heruntergekommene" Liebe, wobei sie keine Grenzen kennt, um auch den, der im tiefsten Dunkel steckt, ans Licht zu bringen. Das konnte Jona in besonderer Weise erfahren. Weil auch uns dies immer wieder erfahrbar wird, dürfen wir sagen: „Ich glaube fest, daß Gott mich liebt!"

Damit ist zugleich gesagt: „Nur an einen Gott der Liebe kann man glauben." „Ich glaube – Credo" bedeutet ja vom Lateinischen her: „Ich gebe mein Herz". Nur einem Gott, der die Liebe in Person ist, kann man vorbehaltlos sein Herz geben; nur ihn kann man lieben „mit ganzem Herzen und ganzer Seele, mit allen Gedanken und aller Kraft" (Dtn 6,4). An einen Angst machenden Gott kann keiner glauben. Und auch dies ist dann möglich: den anderen, obwohl er anders ist, zu lieben wie sich selbst.

Das Verhalten Gottes zu uns Menschen ist also kein Verhalten „von oben herab" wie das des Jona. Jona schaut von oben auf die Stadt herunter. Während er andere erniedrigt sehen will, erniedrigt Gott sich selbst. Welch ein Unterschied tut sich hier auf! Es ist der Unterschied zwischen der „Seinsschwäche" des Jona und der „Seinsstärke" Gottes. Seinsschwäche, das heißt Ich-Schwäche, degradiert andere, um selbst emporzukommen. Andernfalls ist sie empört. Seinsstärke hingegen degradiert sich selbst, um das Geringere nach oben zu holen.

Zu den Menschen, die diese Liebe Gottes in einer sie überwältigenden Weise erfahren haben, gehört Paul Claudel. Es war der 25. Dezember 1886 morgens, als der junge ungläubige Dichter in Paris aufbrach, um dem Weihnachtshochamt in der Kathedrale Notre-Dame beizuwohnen. Er dachte sich nämlich, die Weihnachtsliturgie sei für seine schriftstellerische Tätigkeit ein geeignetes Reizmittel und liefere ihm den Stoff für ein paar dekadente Übungen. „In dieser Verfassung wohnte ich, von der Menge gestoßen und gedrückt, dem Hochamt bei, ohne sonderlich Gefallen daran zu finden." Da er nichts Besseres zu tun hatte, kam er am Nachmittag zur Vesper wieder dorthin. Wieder stand er mitten in der Menge, nahe beim zweiten Pfeiler am Choranfang, rechts auf der Seite der Sakristei. Der Knabenchor sang gerade das „Magnificat". Da geschah auf einmal etwas Unerwartetes, das für das ganze Leben des Dichters bestimmend sein sollte. Claudel schildert dieses unvorhersehbare Ereignis so:

„In einem Nu wurde mein Herz ergriffen, ich glaubte. Ich glaubte mit einer so mächtigen inneren Zustimmung, mein ganzes Sein wurde geradezu gewaltsam emporgerissen, ich glaubte mit einer so starken Überzeugung, mit solch unerschütterlicher Gewißheit, daß keinerlei Platz auch nur für den leisesten Zweifel offen blieb, daß von diesem Tage an alle Bücher, alles Klügeln, alle Zufälle eines bewegten Lebens meinen Glauben nicht zu erschüttern, ja auch nur anzutasten vermochten ... Die göttliche Vorsehung bediente sich eines einzigen Blitzes, einer einzigen Waffe, um endlich das Herz eines armen verzweifelten Kindes zu treffen und sich den Zugang zu ihm zu verschaffen: ,Wie glücklich doch die Menschen sind, die einen Glauben haben! Wenn es wirklich wahr wäre? Es ist wahr! Gott existiert. Er ist da ... Er liebt mich. Er ruft mich!'"

Diese Schilderungen machen darauf aufmerksam, was der Mensch eigentlich ist. Aufgrund der von Claudel gemachten Erfahrung können wir sagen: Er ist das von Gott in jedem Augenblick und an jedem Ort einholbare und bis in seine letzten Tiefen hinein zu erschütternde Wesen. Es ist gut, sich dessen alle Tage bewußt zu bleiben und damit auch täglich zu rechnen. So bewahren wir uns vor allem Hochmut, der bereits durch einen geringfügigen Anschlag in sich selbst zusammenbrechen kann. Wir bleiben bescheiden und demütig und stehen in der Wahrheit; denn Demut bedeutet die Erkenntnis seiner selbst in Gott. Sie gibt uns die Kraft, manche Demütigung zu ertragen.

Sowohl die Niniviten als auch Claudel hatten erfahren, daß Gott ein gnädiger und barmherziger Gott ist, langmütig und reich an Güte (4,2). Sie waren in der Mitte ihrer Person von Gott getroffen worden. Daher ihre tiefe Betroffenheit. Betroffenheit, das ist das Ergriffensein des Menschen von Gott, der ganz anders ist, als die eigenen Vorstellungen ihn zurecht machen, damit sie ihn für ihre eigenen Zwecke handhaben können. Ohne solche Betroffenheit kommt kein Leben in die Tiefen unseres Daseins.

Das wohl intensivste biblische Zeugnis von Gottes zuvorkommender Liebe ist Jesu „Gleichnis vom gütigen Vater" (Lk 15,11–32), an das uns die Jona-Geschichte immer wieder erinnert.

Als Dostojewski auf dem Sterbebett lag, rief er seine Kinder zu sich und bat seine Frau, dieses Gleichnis vorzulesen. Mit geschlossenen Augen und in tiefes Nachdenken versunken, nahm er diese Erzählung in sich auf. Dann sagte er zu seinen Kindern: „Meine Kinder, vergeßt niemals, was ihr eben gehört habt; habt unbedingtes Vertrauen auf Gott, und zweifelt niemals an seiner Barmherzigkeit. Ich liebe euch sehr, aber meine Liebe ist nichts im Vergleich zu der unendlichen Liebe Gottes zu allen Menschen, die er geschaffen hat."

Im Mittelpunkt dieses Gleichnisses steht nicht der verlorene Sohn, sondern der liebende Vater, wenn auch der Sohn die Geschichte ins Rollen bringt. Er bricht auf und zieht in die Ferne, um möglichst weit weg vom Vater zu kommen. Dabei geht es auch mit ihm immer mehr hinunter. Er gerät an den tödlichen Abgrund. Warum fällt er nicht hinein? Warum faßt er den Entschluß, den langen Weg zu seinem Vater zurückzugehen, um vor ihm seine Schuld zu bekennen? Weil er die Liebe seines Vaters schon vor seinem Weggang kennengelernt hatte. Sie lebt in ihm auf, als er in sich geht, und mit ihr die Sehnsucht, das Gespräch mit seinem Vater zu suchen. Er wird nicht enttäuscht. Bevor er auch nur ein Wort hervorbringen kann, kommt ihm der Vater mit einem Kuß zuvor. Obwohl er der Liebe seines Vaters davongelaufen war, die Liebe des Vaters ließ ihn nicht los. Sie folgte ihm in die Ferne und holte ihn schließlich zurück. So sieht „Gottes Nachfolge" aus.

Das Verhalten des älteren Bruders charakterisiert Joachim Gnilka kurz mit folgenden Worten:

„Die Abkehr des Ältesten vom Vater scheint, obwohl weniger dramatisch, fast noch verhängnis-
voller zu sein, da er voll Zorn sich weigert, das
Vaterhaus zu betreten, und draußen bleibt. Die
Szene wiederholt sich, denn auch zu ihm geht der
Vater hinaus, um ihm den Grund seines Handelns
zu erklären, der in der Liebe beschlossen liegt."
Sein demütiges Bitten, in dem er sein Innerstes
preisgibt, scheint beim Ältesten nichts zu erreichen.

Hier stehen sich die spürbare Hilflosigkeit der
Liebe des Vaters und die unnachgiebige Sturheit
des Ältesten gegenüber. Er betritt das Haus des
Vaters nicht, weil sich in ihm alles dagegen
sträubt, seinen Bruder anzunehmen und einfach
„Bruder" zu ihm zu sagen. Genauso ist es bei Jona;
denn auch er vermag in den Niniviten nicht seine
Brüder und Schwestern zu sehen. Für beide gibt es
nichts Wichtigeres als eine festgefügte gnadenlose
Rechtsordnung. Wie Gott in der Jona-Geschichte,
so denkt auch der Vater im Gleichnis über die Ka-
tegorien des Rechts und der Gerechtigkeit hinaus.
Was sein Verhalten bestimmt, ist die unendliche
Freude, die ihn überwältigt, wenn der Mensch
seine Schuld bereut und heimkehrt. Daher wird
derjenige Gott nicht begreifen können, der nichts
anderes kennt als Ordnung, Recht und Gerechtigkeit.

Vielleicht denken wir, das Gesagte sei doch zu
schön, um wahr zu sein. Vielleicht haben wir so-

gar Furcht um den Bestand von Sitte und Moral; denn wenn Gott in dieser Weise liebt, verlieren dann nicht das sittliche Leben seinen Ernst und alle Umkehr, um die es doch im Evangelium wesentlich geht, ihre Bedeutung? Doch diese Einwände übersehen, daß das unüberbietbare Erbarmen Gottes sittliches Leben und wirkliche Umkehr des Menschen überhaupt erst möglich macht. Umkehr bedeutet ja, daß der Mensch seine Wege verläßt, sich für die Wege Gottes entschließt und so in ein neues Leben hinein verwandelt wird. Was aber verwandelt den Menschen wirklich? Gewiß nicht die Angst, bestraft oder gar vernichtet zu werden. „Nur wenn der Mensch von der Liebe getroffen wird, nur wenn er spürt, daß es jemanden gibt, der ihn liebhat und ihn ganz annimmt, nur dann kann er sich bis in sein tiefstes Wesen hinein ändern, nur dann kehrt er wirklich um" (Gerhard Lohfink).

Dieser Hinweis stimmt mit den Worten überein, die Dostojewski in seinem Roman „Die Brüder Karamasoff" dem alten Starez in den Mund legt: „Fürchte dich niemals, und ängstige deine Seele nicht ... Kann doch der Mensch nie und nimmer eine so große Sünde begehen, daß sie die endlose Liebe Gottes ganz erschöpfte. Oder glaubst du, daß es eine Sünde gäbe, die größer wäre als die Liebe Gottes? ... Glaube daran, daß Gott dich so liebt, wie du es dir gar nicht denken

145

kannst, daß er dich mitsamt deiner Sünde und in deiner Sünde liebt."

Ein guter Kommentar zu diesem Wort ist, was Albino Luciani, der spätere Papst Johannes Paul I., in seinem Exerzitienbuch „Das Beispiel des Samariters" schreibt: „Judas hat eine ungeheuerliche Schuld auf sich geladen, als er Jesus für dreißig Silberlinge verriet; aber noch schrecklicher war, daß er gesagt hat: ‚Meine Sünde ist zu groß; ich bin verloren.' Nein, so groß die Sünde auch sein mag, immer wird sie vom grenzenlosen Erbarmen Gottes zugedeckt werden. Die Sünde ist immer begrenzt, sie betrifft einen ganz bestimmten Bereich. Das Erbarmen Gottes aber ist unendlich, es deckt jede Sünde zu." Um diese grenzenlose Barmherzigkeit in hellstem Licht erscheinen zu lassen, malt nicht zuletzt der Verfasser der Jona-Geschichte den Egoismus, die Engherzigkeit, die rebellische Widerspenstigkeit und die Rachsucht des Propheten in den dunkelsten Farben.

In einem Dokument unbekannter Herkunft spricht Gott zu jedem Menschen: „Ich kenne dein Elend, die Kämpfe und Verwirrungen deiner Seele; die Schwachheit und Krankheit deines Körpers; ich kenne deine Feigheit, deine Ohnmacht; gleichwohl sage ich dir: Gib mir dein Herz. Liebe mich, so wie du bist. Selbst wenn du oft in deine Fehler zurückfällst, die du ja lieber nicht haben möchtest: Liebe mich, so wie du bist. In jedem Augenblick, in jeder Lage, in der du dich befindest, im Eifer und in der Trockenheit, in der Treue oder in der Untreue. Wenn du glaubst, mit deiner Liebe warten zu können, bis du vollkommen bist, dann wirst du mich nie lieben. Ich liebe dich mit deiner Schwachheit. Was brauche ich dein Wissen und deine Talente? Ich verlange nicht deine Tugenden. Wenn du viele solcher hättest, wäre auch gleich die Eigenliebe wieder da. Ich stehe wie ein Bettler vor deinem Herzen, ich, der Herr, und warte. Nur deine Zweifel und dein Mangel an Vertrauen könnten mich verletzen. Daher denk daran: Liebe mich, so wie du bist!"

Da erwiderte der Herr: „Du hast Mitleid mit der Rizi-
nusstaude, um die du dich nicht gemüht und die du nicht
aufgezogen hast, die innerhalb einer Nacht entstanden
und innerhalb einer Nacht vergangen ist. Und ich sollte
kein Mitleid haben mit Ninive, der großen Stadt, in der
mehr als hundertzwanzigtausend Menschen leben, die
nicht zwischen rechts und links zu unterscheiden wissen,
und dazu so viele Tiere?"   4,10 f.

Der französische Dichter und Schriftsteller
François Mauriac schrieb einmal einem Semi-
naristen ein paar Sätze, die es verdienen, immer
wieder überdacht zu werden. So können sie ihre
heilsame Kraft auch in unserer Seele entfalten.
Diese Sätze lauten: „Es ist der Irrtum einer gewissen katholischen Erziehung, uns davon überzeugen zu wollen, daß die Sünde jede Verbindung mit
Gott zerschneide. Aber es ist in Wirklichkeit nicht
so. Sie können nichts tun, was diesen Blick, der
uns niemals verläßt, von Ihnen abwenden könnte;
er ist nur mehr oder minder traurig, entsprechend
unseren Taten. In diesem Drama mit zwei Perso-

nen steht es nicht bei Ihnen allein, den Dialog zu unterbrechen: Sie verzichten auf ihn, aber er verzichtet nicht auf Sie ..."

Dieser trostvolle Hinweis des französischen Dichters findet seine Bestätigung durch die tiefsinnige Jona-Geschichte; denn es ist gerade die Jona-Geschichte, die diese unaufhörliche Zuwendung Gottes zu uns Menschen veranschaulichen will. Mit immer neuen Bildern zeigt sie, daß sich Gott von keiner menschlichen Schwäche oder Schuld entmutigen läßt. Selbst den gottlosen Menschen läßt er nicht los. Diese Botschaft ist das Thema, das wie ein roter Faden die ganze Jona-Geschichte sowie unsere eigene Lebensgeschichte durchläuft.

Wie sehr Gottes Barmherzigkeit um seinen in sich selbst gefangenen Propheten wirbt, zeigt auch der Schluß unserer Geschichte. Obwohl Jona immer noch gegen Gottes Liebe zu den ehemals gottlosen Niniviten rebelliert und ihm dafür die heftigsten Vorwürfe macht, bricht Gott das Gespräch nicht ab. Und da er weiß, wie schwer es ist, mit affektgeladenen Menschen zu sprechen, begegnet er dem zornigen Propheten mit auffallender Ruhe. Durch dieses sein Verhalten sagt uns Gott: „Unerwarteten und unangemessenen Reaktionen muß man immer mit Ruhe begegnen."

Wie aber behält man in solchen Situationen die Ruhe? Auch das erfahren wir durch die Art, wie Gott mit Jona spricht. Mit tiefer Einfühlsamkeit und zärtlicher Freundlichkeit stellt er ihm nicht weniger als dreimal eine Frage, um ihn zu einem selbstkritischen Nachdenken zu bringen. Denn Gott will keinen am Boden zerstörten Jona, sondern er will einen neuen Jona. Wieviel können wir hier von Gott für unseren Umgang mit schwierigen Menschen lernen!

Bei allem geht es Gott darum, seinen Propheten davon zu überzeugen, daß die Liebe wichtiger ist als das Prinzip und daß Nachsicht und Vergebung mehr zählen als alle Rechthaberei. „Damit wir uns nicht falsch verstehen: wir wissen alle, was richtige Prinzipien wert sind. Niemand soll sagen, die Wahrheit sei nicht wichtig, oder man müsse nicht für die Wahrheit leben und sterben. Leben und sterben sollen wir für die Wahrheit, aber nicht andere für die Wahrheit sterben lassen! Mit Menschenleben ist die Wahrheit zu teuer bezahlt, selbst mit dem Leben der Niniviten, der überheblichen Gewalttäter" (Diego Arenhoevel).

Damit nun Jona doch noch lernt, daß Gottes Gerechtigkeit immer eine sich erbarmende Gerechtigkeit ist, nimmt er ihn in seine Schule. Dabei verläuft der Unterricht, in dem Gott seine ganze Phantasie aufbietet, in drei Etappen.

Zunächst tut Gott seinem Propheten etwas Gutes. Er läßt ihm eine Rizinusstaude wachsen. Das ist eine schnell wachsende Pflanze mit großen Blättern. Sie soll Jona Schatten geben und seinen

Ärger vertreiben. Und schon lacht er und ist voller Freude.

Dann aber verändert Gott durch eine Geringfügigkeit die Situation. Mit der Morgenröte läßt er einen Wurm kommen, der die Staude zum Verdorren bringt. Zugleich schickt er einen heißen Ostwind, so daß Jona fast ohnmächtig wird. Damit ist es aus mit seiner Lebensfreude. Anstatt auf diese neue Situation mit einem Lächeln zu reagieren, fällt er in seine gewohnte Bosheit zurück. Wie haltlos ist doch der nur auf sein Wohl bedachte Jona! Sobald seine Ansichten und Absichten, seine Pläne und Erwartungen durchkreuzt werden, verlassen ihn der Lebensmut und die Lebenslust. Erneut möchte er mit allem Schluß machen.

Welche Mühe macht sich der große Gott mit seinem kleinen Propheten, der sein mißgünstiges Ich nicht von Gottes Liebe einfangen lassen will! Aber auch jetzt läßt er ihn nicht fallen. Vielmehr läßt er sich erneut etwas einfallen, um – wieder mit einer Frage – Jona das Herz zu öffnen. „Du hast Mitleid mit der (lächerlichen) Rizinusstaude, um die du dich nicht gemüht und die du nicht aufgezogen hast ... Und ich sollte kein Mitleid haben mit Ninive, der großen Stadt, in der mehr als hundertzwanzigtausend Menschen leben, die nicht zwischen rechts und links zu unterscheiden wissen, und dazu so viele Tiere?" Das heißt: „Siehst du nicht, um welch unterschiedliche Dinge es hier geht?"

Das ist das letzte Wort in unserer Erzählung. Immer hat Gott das letzte Wort; er wird es auch in unserem Leben haben. Zugleich fällt auf, daß das Buch mit einer Frage schließt. Dieser offene Schluß nimmt der Jona-Geschichte jeden märchenhaften Charakter. Man könnte ja meinen, alles laufe auf ein glückliches Ende hinaus: Die Niniviten bekehren sich; durch Gottes Nachsicht wird die Stadt errettet, und schließlich ändert auch Jona seine mißgünstige Gesinnung. Doch so ist es nicht; denn die Wandlung des Jona, das heißt meine Wandlung, steht noch aus.

Daher ist die Jona-Geschichte alles andere als ein Märchen, das ja immer einen guten Ausgang hat. Sie ist vielmehr eine einzigartige Lehr-Erzählung, die uns zu Bewußtsein bringen möchte, wie sehr jedes Menschenleben ein ständiger Prozeß ist; ein Prozeß mit Fortschritten, immer neuen Einsichten und Entdeckungen, aber auch mit immer neuen Rückfällen bis hin zur Depression, ein Prozeß, in dem ein Mensch unendlich langsam und mitunter nur unter großen Schmerzen lernt, daß Gott wirklich ganz anders ist, als er sich ihn in seiner Engherzigkeit vorgestellt hat.

Ob Jona bereit ist, sich auf diesen Prozeß einzulassen? Wir wissen es nicht; denn Jona gibt keine Antwort mehr. Sie wird vom Leser erwartet. So ist die offene Frage, mit der die Jona-Geschichte endet, an uns gerichtet. Bei uns liegt es, diese Liebesgeschichte Gottes mit dem Menschen zu vollenden. Wir sollten den Jona aufsuchen, wie Gott ihn aufsucht, den Jona in uns. Wir sollten ihn fragen: „Glaubst du an Gottes Liebe zu allen und zu jedem einzelnen Menschen, und versuchst du, diesen Glauben durch ein liebenswürdiges Verhalten anderen gegenüber zum Ausdruck zu bringen?"

Wie aber kommen wir zu diesem Glauben, auf dem alles andere beruht? Was erhält ihn am Leben? Wir müssen uns auf ihn einlassen, wie die Niniviten es getan haben, und mit ihm unsere Erfahrungen machen. Das heißt konkret:

– Überwinde Gott gegenüber alle Berührungsängste. Laß seine Liebe an dich heran und das trotz oder besser wegen all deiner Fragwürdigkeiten.

– Beglücke dich nicht selbst; denn niemals vermagst du deinen unendlichen Hunger nach Glück zu stillen. Halte dich vielmehr offen für die vielen Gaben, mit denen Gott täglich in allem Wahren, Guten und Schönen auf dich zukommt.

– Laß auch den bösen Tag einen guten für dich sein. Du fragst vielleicht: Warum? Der große Einsiedler Antonius sagt es dir. Nach einer großen Bedrängnis fragte er Gott: „Wo warst du, Herr, in jenen Tagen?" Da wurde ihm geantwortet: „Dir näher als je!"

– Sage dir: „Ich bin nicht mehr allein; denn er ist bei mir und mit mir. Er hat sein Herz an mich gehängt. Deshalb will er mich nicht falschen Liebhabern überlassen."

– Gib Gott schließlich in die Unbegreiflichkeit seiner Liebe zu allen Menschen frei. Über sie kannst du nie groß genug denken.

DAS LEBEN IST UNSERE LETZTE BESTIMMUNG

Da fingen einige der Schriftgelehrten und Pharisäer an und sagten: „Meister, wir wollen von dir ein Zeichen sehen!" Er aber antwortete ihnen: „Ein böses und ehebrecherisches Geschlecht fordert ein Zeichen; aber es wird ihm kein anderes Zeichen gegeben werden als das Zeichen des Propheten Jona. Denn wie Jona drei Tage und drei Nächte im Bauch des Meeresungeheuers war, so wird der Menschensohn drei Tage und drei Nächte im Herzen der Erde sein. Die Leute von Ninive werden im Gericht gegen diese Generation aufstehen und es verurteilen, weil sie auf die Predigt des Jona hin umkehrten. Und siehe, hier ist mehr als Jona. Die Königin des Südens wird aufstehen im Gericht mit diesem Geschlecht und wird es verurteilen; denn sie kam von den Enden der Erde, um die Weisheit Salomos zu hören. Und siehe, hier ist mehr als Salomo.

Mt 12,38–42

Im Werk „Menschliches, Allzumenschliches" von Friedrich Nietzsche findet sich ein Aphorismus mit dem Hinweis „Gegen Bilder und Gleichnisse". Darin heißt es: „Mit Bildern und Gleichnissen überzeugt man, aber beweist nicht. Deshalb hat man innerhalb der Wissenschaft eine solche

Scheu vor Bildern und Gleichnissen; man will hier gerade das Überzeugende, das Glaublich-Machende nicht und fordert vielmehr das kälteste Mißtrauen auch schon durch die Ausdrucksweise und die kahlen Wände heraus: weil das Mißtrauen der Prüfstein für das Gold der Gewißheit ist" (II.145).

Etwas von diesem kalten Mißtrauen findet sich auch im Verhalten jenes Gelehrten, der eines Tages zu einem Rabbiner kam, um ihm die Rückständigkeit seines Glaubens an ein Weiterleben nach dem Tod zu beweisen. Als er die Stube des Rabbi betrat, sah er diesen mit einem Buch in der Hand auf und ab gehen. So sehr war er in dieses Buch vertieft, daß er den Ankömmling gar nicht bemerkte. Schließlich blieb er stehen, sah ihn flüchtig an und sagte zu ihm: „Vielleicht ist es aber wahr!" Der Gelehrte nahm vergebens all sein Selbstgefühl zusammen. Ihm schlotterten die Knie, so furchtbar war dieser schlichte Spruch zu hören. Der Rabbi aber wandte sich ihm völlig zu und sagte ihm ruhig und gelassen: „Hör, die Großen der Thora, mit denen du gestritten hast, haben ihre Worte an dich verschwendet, du aber hast, als du gingst, darüber gelacht. Sie haben dir Gott und sein Reich nicht auf den Tisch legen können, und auch ich kann es nicht. Aber bedenke: Vielleicht ist es wahr!" Der Gelehrte wollte ihm darauf entgegnen. Doch dieses Vielleicht, das ihm da wiederholt entgegenkam, brach seinen Widerstand.

Diese Erzählung formuliert eine Erfahrung, die auch wir in der Begegnung mit ungläubigen Menschen dann und wann machen können. Denn manch einer von ihnen, die ein Weiterleben nach dem Tod verneinen, gibt sich sehr sicher. Doch wie schwach ist der Boden, auf dem er steht! Bereits der schlichte Hinweis: „Vielleicht ist es aber doch wahr" kann ihn erschüttern.

Es war nun ein zentrales Anliegen Jesu, die Ungewißheit des Vielleicht in die Gewißheit des Glaubens zu heben. Dabei bediente er sich der Bilder und Gleichnisse. Das provozierte die Schriftgelehrten und Pharisäer. Wie jener Gelehrte so wollten auch sie einen Beweis. Doch Jesus gab ihnen keinen anderen Beweis als das Zeichen des Propheten Jona: „Wie Jona drei Tage und drei Nächte im Bauch des Meeresungeheuers war, so wird der Menschensohn drei Tage und drei Nächte im Herzen der Erde sein." Damit wies Jesus auf seine Auferstehung nach drei Tagen hin. Die Erfüllung dieser Verheißung ist für uns der Grund unserer Überzeugung, daß auch wir – wie er – auferstehen werden. Das Leben und nicht der Tod ist unsere letzte Bestimmung.

Wie aber soll das geschehen? Die Urväter unseres Glaubens blieben beim Bild des Fisches und sagten: Jesus Christus ist für uns der rettende Fisch. Im griechischen Wort ICHTHYS fanden sie ihren Glauben bestätigt; denn ICHTHYS bedeutet in seiner Buchstabenfolge: Jesus Christos Theou

Hyos Soter, das heißt: Jesus Christus Gottes Sohn Retter. Damit ist gesagt: Wie der Fisch den Jona in sich aufnahm, um ihn auf diese Weise vor dem tödlichen Untergang zu bewahren, so nimmt Jesus Christus uns im Geheimnis der Taufe in sich auf, um uns vor dem endgültigen Tod zu bewahren.

Daher lebt seine Taufe, wer sein Leben von Jesus Christus her und auf Jesus Christus hin gestaltet. Was das bedeutet, erklärt der Apostel Paulus mit den Worten: „Keiner von uns lebt sich selber, und keiner stirbt sich selber: Leben wir, so leben wir dem Herrn; sterben wir, so sterben wir dem Herrn; ob wir leben oder ob wir sterben, wir gehören dem Herrn" (Röm 14,7–8).

Welch eine Einfachheit und Tiefe, welch eine Ruhe und welch ein Friede sprechen aus diesem Bekenntnis! Sie werden uns zuteil, wenn wir aufhören, für uns selbst zu leben, und anfangen, mit Christus für andere dazusein. Für sich selbst zu leben, das ist die Art des unerlösten Menschen, der in allem sich selber sucht und will. Von Jesus Christus her erkennen wir hingegen, daß christliches Leben ein „Leben für andere" ist; es ist „Pro-Existenz". Für wen also leben wir? Wem ist mit dem gedient, was wir tun?

Worauf es ankommt, verdeutlicht sich am Verhalten von Anthony Bloom. 1914 wurde er in Lausanne geboren. Während seiner Arzttätigkeit in Paris legte er die Mönchsgelübde ab. Später empfing er die Priesterweihe. 1962 wurde er zum Erzbischof für die Russische Kirche in Großbritannien und Irland ernannt. Als man ihn in einem Interview fragte, was er aus jener Zeit gelernt habe, da er zugleich Mönch und Arzt war, antwortete er mit einem Beispiel.

„In das Krankenhaus, in dem ich als Chirurg arbeitete, kam eines Tages ein Patient, dessen Finger durch einen Unfall ziemlich zertrümmert war. Als sich der Chefarzt den Finger ansah, sagte er zu mir: ‚Nehmen Sie ihn ab!‘ Das war ein leichter Entschluß. Fünf Minuten hätten genügt, um ihn auszuführen. Ich sprach mit dem Mann und erfuhr, daß er Uhrmacher war. Würde sein Finger entfernt, so wäre er wahrscheinlich nicht mehr in der Lage gewesen, seinen Beruf auszuüben. Fünf Wochen dauerte die Behandlung seines Fingers, und er konnte das Krankenhaus mit fünf statt mit vier Fingern verlassen. Von da an nahmen die menschlichen Sorgen den ersten Platz in meinem Leben ein. Dann begann ich zu beten ... Ich stand vor dem Herrn, von Angesicht zu Angesicht. Ich wollte einfach bei ihm sein."

Wer Jesus Christus gehört, der lebt nicht mehr für sich selbst; ja, er stirbt auch nicht für sich selbst. Denn wer für sich selber stirbt, der stirbt ohne Hoffnung, weil keiner sich selbst aus dem Tod erretten kann.

Doch hören wir noch einmal das Wort Jesu: „Wie Jona drei Tage und drei Nächte im Bauch des Meeresungeheuers war, so wird der Menschensohn drei Tage und drei Nächte im Herzen der Erde sein." In diesem Vergleich offenbart Jesus sein Menschsein; denn Mensch ist, wer sich mit anderen in eine Reihe stellt. Das tat Jesus bereits mit seiner Geburt. Mit ihr teilte er das Schicksal der Armen und der Anspruchslosen. Bei seiner Taufe reihte er sich unter die Sünder ein. Und als er starb, hing er in einer Reihe mit Verbrechern am Kreuz. Auf dem Weg nach Emmaus finden wir ihn in der Mitte der beiden traurigen Jünger. So geht Jesus als Mensch mit uns durch die Grundsituationen unseres Lebens. Selbst wenn wir meinen, wir wären allein, ist er bei uns. Darin liegt seine tiefe Menschlichkeit.

Zugleich aber erklärte Jesus: „Siehe, hier ist mehr als Jona." Damit brachte er seine Gottheit zum Ausdruck. Jona ist nur ein Schüler des liebenden Erbarmens Gottes; Jesus hingegen ist das liebende Erbarmen Gottes selbst. Nur in diesem liebenden Erbarmen finden wir letztlich Geborgenheit und Sicherheit. Allein in diesem liebenden Erbarmen gründet unsere Hoffnung auf ein ewiges Leben; denn wie der rettende Fisch zu Jona kam, so vertrauen wir fest darauf, daß Jesus Christus zu uns kommt, um uns vor dem tödlichen Untergang zu bewahren.

In einem Erinnerungsbuch aus dem Ersten Weltkrieg ist von zwei Freunden die Rede, die der gleichen Einheit angehörten. Einer von ihnen wurde verwundet und blieb hilflos und von

Schmerzen gequält im Dunkel der Nacht zwischen den Schützengräben liegen. Da kroch der andere unter Lebensgefahr hinaus, um seinem Freund zu helfen. Als er den Verwundeten schließlich fand, blickte dieser auf und sagte nur: „Ich wußte, daß du kommst!"

Dieses Wort erinnert an Daniel. Als Gott ihn durch Habakuk aus der Löwengrube befreite, da sagte er: „Gott, du hast also an mich gedacht; du läßt die nicht im Stich, die dich lieben" (Dan 14,38). Man kann sich vorstellen, daß Lazarus ähnlich gesprochen hat, als Jesus ihn aus dem Grab herausrief (Joh 11,43). Und so werden auch wir sprechen, wenn im Dunkel unseres Todes Jesus Christus zu unserem einzigen Retter wird: „Ich wußte, daß du kommen würdest, um mich aus dem Dunkel des Todes in das Licht der Ewigkeit zu führen."

JEDER IST WIE JONA

Eine Besinnung in acht Szenen
von Maya Thomi

Im Folgenden wird eine uns vertraute Geschichte
vorgestellt. Wenn wir die Lesungen, die Impulse
und Besinnungen in uns aufnehmen, können wir
uns selbst darin wiederfinden. Denn: Jeder ist wie
Jona. Deshalb könnte jeder diesen Menschen dar-
stellen:

Jona, dessen Geschichte uns im Alten Testament geschildert wird; Jona, mit dem uns so vieles
verbindet; Jona, dessen Geschichte uns von der
Treue Gottes zum Menschen erzählt.

ERSTE SZENE: DIE BERUFUNG DES JONA UND SEINE FLUCHT

LESUNG: Jona 1,1–3

IMPULS: Jona reagiert: „Ich, Herr? – Nein! Das paßt mir nicht ... Alles andere kannst Du von mir verlangen – das aber nicht! Zu diesen hochmütigen und lasterhaften Leuten gehe ich nicht. Das schaffe ich nicht! Sie werden mich verlachen, und ich werde mich blamieren! Mag aus Ninive werden, was will, ich gehe nicht dorthin. Ich gehe *meinen* Weg; dahin, wohin ich will, Herr!"

Das ist Jona, der Prophet; Jona, der in sich von Gott einen konkreten Auftrag vernahm.

BESINNUNG: Auch ich bin Jona ... Jeder Mensch ist Jona.
– Wie oft ergeht das Wort des Herrn an mich?
– Wie oft erhalte ich einen Auftrag?
– Wie oft vernehme ich in meinem Innern die Stimme: „Tu, was ich dir sage; tu, was ich von dir will!"?
– Wie oft habe auch ich in solchen Augenblicken taube Ohren für Gottes Anruf?
– Wie oft setze ich meinen Willen durch?
– Ich laufe Gott davon – in die entgegengesetzte Richtung.

Zweite Szene: Jona erkennt seine Schuld

Lesung: 1,4–16

Impuls: Die Würfel sind gefallen. Jona trägt die Schuld. Er erkennt: „Jetzt ist die Stunde der Wahrheit. Ich bin auf der Flucht vor meinem Gott. Nun habe ich mein Sühnegeld zu entrichten. Ich bin schuld an all dem Unheil. Werft mich ins Meer!"

Besinnung: Wie oft schon wurde ich in meinem Leben schuldig?
– Gebe ich meine Schuld zu? Vor Gott und vor den Menschen?
– Bin ich bereit, begangenes Unrecht wiedergutzumachen?
– Wie fühle ich mich, wenn ich ausgebootet werde? Wenn ich aus dem Weg soll, weil ich für andere zur Last geworden bin?

DRITTE SZENE: JONA IM BAUCH DES FISCHES

LESUNG: 2,1–10

IMPULS: Verwirrt fragt sich Jona: „Wo bin ich? Wer fing mich auf? Ich bin am Ende ... Ich bin gefangen. Hier komme ich nicht mehr heraus. Hier gehe ich zugrunde ..."

BESINNUNG: Wie oft schon war ich ohne Hoffnung?
– Wie oft schon wurde ich völlig unerwartet aufgefangen?
– Wie oft schon hat mich Gott hineingenommen in sein Erbarmen?
– Wie oft schenkte er mir die Möglichkeit zur Besinnung, zur Läuterung, zur Verwandlung?
– Wie oft habe ich mich erst an Gott erinnert, als ich in großer Not war?
– Wie oft habe ich es an mir erfahren dürfen, daß mir in der Bedrängnis neue Kräfte geschenkt wurden, die es mir möglich machten, wieder auf den Weg zu kommen?

VIERTE SZENE: JONA BEKOMMT WIEDER BODEN
UNTER DIE FÜSSE

LESUNG: 2,11; 3,1–4

IMPULS: Voll Freude ruft Jona: „Ich habe Boden
unter meinen Füßen ... Ich kann wieder Schritte
tun ... Die Vergangenheit liegt hinter mir ... Ich
bin am Leben ... Wozu?"
    Erneut ergeht Gottes Anruf an ihn.

BESINNUNG: Als Jona sich im Bauch des Fisches
todelend fühlt, gelobt er, Gottes Auftrag zu erfüllen.
– Wie oft verhandle ich mit Gott und mache ihm
meine Versprechen, wenn es mir nicht gut geht?
– Muß nicht auch ich immer wieder durch die
Dunkelheit, durch Leiden, durch Verzweiflung
hindurch, damit auch ich wieder offen werde für
Gottes Anruf, damit auch ich Gehorsam lerne?

Fünfte Szene: Die Niniviten bekehren sich

Lesung: 3,5–10

Impuls: Die Niniviten lebten in den Tag hinein – ohne an Gott zu denken. Das Feuer der Liebe war in ihnen erloschen. Sie waren voll von bösen Gedanken. Verachtung, Neid und Mißgunst breiteten sich in ihnen aus.

Besinnung: Wie oft ist Gott nicht der Mittelpunkt meines Denkens, meines Handelns, meines Lebens?
– Wie oft ist nur noch Asche in mir, statt loderndes Feuer?
– Wie oft halten meine Hände fest, anstatt sich empfangend zu öffnen für die Liebesgaben Gottes?
– Wie oft lebe ich wie ein Ninivit?
Herr, hab Erbarmen auch mit mir!

Sechste Szene: Jona ist empört über Gottes Erbarmen

Lesung: 4,1–3

Impuls: Jona fällt in seinen alten Zustand zurück. Er fühlt sich in seinem Stolz gekränkt. Wie in einer Wildnis sieht es in ihm aus. Daher fährt er Gott an: „Gott, ich verstehe dich nicht! Was liegt dir an diesen verkommenen Leuten von Ninive? Sie verdienen dein Erbarmen nicht!"

Immer noch hofft er, daß die Vernichtung, die er den Niniviten im Auftrag Gottes angesagt hatte, in Erfüllung geht. Aber seine Rechnung geht nicht auf. Er weiß nicht, daß Gottes Liebe keine Rechnung schreibt.

Besinnung: Wie erbärmlich sind oft meine Erwartungen an Gott!
– Wie kleinlich sind meine Vorstellungen darüber, wie Gott handeln sollte!
– Kommt es nicht oft genug vor, daß ich anderen eine Strafe gönne?

SIEBTE SZENE: GOTT NIMMT JONA IN SEINE SCHULE

LESUNG: 4,5–10

IMPULS: Jona klagt Gott an: „Der Wurm sitzt in mir ... Gott, Du gönnst mir nichts ... Nicht einmal eine kleine Freude ... Das ist es, was mich wurmt ..."
Wie abhängig ist Jona von Äußerlichkeiten! Schnell ist er entmutigt. Er will lieber sterben als leben. Schon wieder möchte er die Flucht ergreifen, anstatt auszuhalten, durchzuhalten.
Jona wird immer wieder mit den dunklen Seiten, die es in seinem Wesen gibt, rechnen müssen. Trotzdem liebt Gott ihn grenzenlos. Vielleicht muß er noch einige Male in den Bauch des Fisches ...

BESINNUNG: Wie oft bin auch ich gefährdet, in Selbstmitleid zu fallen, alles hinzuwerfen, mit allem Schluß zu machen?
– Wie schwer fällt es auch mir, durchzuhalten, standzuhalten?
– Wie unendlich geduldig ist Gott bis in diese Stunde auch mit mir gewesen?
– Wie sehr haben mich sein Erbarmen und seine Liebe immer wieder eingeholt?

ACHTE SZENE: NICHTS TRENNT UNS VON DER LIEBE
GOTTES

LESUNG: 4, 11

IMPULS: Gott sieht auch unseren guten Willen. Er
läßt auch uns nicht untergehen. Neues Leben
weckt er auch in unseren Herzen. Auch in uns ent-
zündet er das Feuer seiner Liebe wie in längst vergangenen Zeiten.

BESINNUNG: Wie oft hat Gott uns seinen Schutz
erfahren lassen?
– Wie oft schickte er auch uns seine Boten, die
uns die Augen öffnen sollten?
– Jeder von uns ist Jona!
– Jeder von uns ist zu bestimmten Zeiten ein Ninivit!
– Und mit ihnen sind auch wir Begnadete – Bewahrte, die bis zum heutigen Tag, wenn auch über
manche Umwege, bei Gott – in Gott bleiben durften.

Herr, wir danken dir!
Herr, wir preisen dich!
Herr, wir loben dich!

Und bitten dich, uns weiterhin nahe zu sein und
uns immerfort einzuholen in deiner Liebe.

LITERATURHINWEISE

ANDRES, STEFAN, Der Mann im Fisch, Roman, R. Piper & Co Verlag, München 1963.

ARENHOEVEL, DIEGO, Der Mann Jona, in: Wort und Antwort 13 (1972) 189f.; 14 (1973) 30f. 61f. 93f.

BÖSINGER, RUDOLF, Vision der Wende – Jona, Schauenburg-Verlag, Lahr/Schwarzwald 1972.

CAMUS, ALBERT, Die Pest, Roman, rororo Taschenbuch-Ausgabe, Nr. 15.

DEISSLER, ALFONS, Jona, in: Zwölf Propheten II, Die Neue Echter Bibel, Echter-Verlag, Würzburg 1984, 149–164.

DIX, NELLY, Jonas, in: Der Herr ist über Land gefahren. Erzählungen und Bilder nach dem Alten Testament, Schloendorn Verlags-GmbH, München 1961.

GNILKA, JOACHIM, Bild und Gleichnis in der Botschaft Jesu, in: Bild-Wort-Symbol in der Theologie, hrsg. von Wilhelm Heinen, Echter-Verlag, Würzburg 1969, 98–102.

HALLER, EDUARD, Die Erzählung von dem Propheten Jona, Chr. Kaiser Verlag, München 1958.

LANGER, HEIDEMARIE u.a., Wir Frauen in Ninive. Gespräche mit Jona, Kreuz Verlag, Stuttgart 1984.

LOHFINK, GERHARD, Das Gleichnis vom gütigen Vater, in: Bibel und Leben 13 (1972) 138–146.

LORETZ, OSWALD, Das Buch Jona, in: Gotteswort und menschliche Erfahrung, Verlag Herder, Freiburg i. Br. 1963, 15–37.

MAGONET, JONATHAN, Jüdisch-theologische Beobachtungen zum Buch Jona, in: Bibel und Leben 13 (1972) 153–172.

MEVES, CHRISTA, Die zeitlose Wahrheit der Jona-Geschichte,

in: Die Bibel antwortet uns in Bildern. Tiefenpsychologische Textdeutungen im Hinblick auf Lebensfragen heute, Herderbücherei 461, Freiburg i. Br. 1973, 42–54.

MÖLLERFELD, JOHANNES, „Du bist ein gnädiger und barmherziger Gott" (Jonas 4,2), in: Geist und Leben 33 (1960) 324–333.

MOLTMANN-WENDEL, ELISABETH, in: Heidemarie Langer u. a., Wir Frauen in Ninive. Gespräche mit Jona, Kreuz Verlag, Stuttgart 1984.

RAD, GERHARD VON, Der Prophet Jona, in: Gottes Wirken in Israel, Neukirchener Verlag, Neukirchen-Vluyn 1974, 65–78.

STEFFEN, UWE, Jona und der Fisch. Der Mythos von Tod und Wiedergeburt, Kreuz Verlag, Stuttgart 1982.

STENDEBACH, FRANZ JOSEF, Der trotzige Prophet – Jona, in: Glaube bringt Freude. Das Alte Testament und die Freude an Mensch und Welt, Echter-Verlag, Würzburg 1983, 111–117.

WOLFF, HANS WALTER, Dodekapropheton 3, Obadja und Jona, Neukirchener Verlag, Neukirchen-Vluyn 1977.

Rudolf Stertenbrink im Verlag Herder

Fjodor M. Dostojewskij

Worte wie Spiegel

Vorwort und herausgegeben von Rudolf Stertenbrink
6. Auflage, 120 Seiten, gebunden.
ISBN 3-451-20025-2

Der russische Dichter Dostojewskij gehört zu den gro-ßen Entdeckern der Menschheit. Leidenschaftliche Wahrheitssuche und leidvolle Lebenserfahrung lassen ihn „den Menschen im Menschen" entdecken – Ab-gründe von Finsternis ebenso wie das unauslöschliche göttliche Licht.

„In den Dialogen und Reflexionen der Romane und Er-zählungen Dostojewskijs begegnen wir immer wieder Worten von großer seherischer Kraft, Worten, in die man wie in einen Spiegel hineinschaut und sich selbst, sein Innerstes entdeckt. Rudolf Stertenbrink hat solche Worte und Gedanken ausgewählt und kenntnisreich erläutert" (Westfälische Rundschau).

„Die Quintessenz aus Dostojewskijs Schaffen. Ein Buch, das neugierig macht auf den russischen Autor und anregt, ihn endlich einmal ganz zu lesen" (Bayeri-scher Rundfunk).

Verlag Herder Freiburg · Basel · Wien

Rudolf Stertenbrink im Verlag Herder

Allein die Liebe

Ein Lebensbrevier aus tausend Texten
der Theresia von Lisieux
7. Auflage als Sonderausgabe, 320 Seiten, Paperback.
ISBN 3-451-21051-7

Theresia von Lisieux gehört zu den Klassikern der modernen Spiritualität. Rudolf Stertenbrink legt hier eine ebenso gründliche wie praktische Auswahl ihrer Texte vor: ein meditativ-religiöses Begleitbuch für das tägliche Leben.

„Die Spiritualität dieser jungen Frau eröffnet sich aus neuen Blickwinkeln in ihrer Klarheit und Tiefe, in ihrer Radikalität und Einfachheit, die all das beim Namen nennt und umgreift, was für jeden von uns von existentieller Bedeutung ist: Hoffnung und Erfüllung, Verlangen und Entbehrung, Angst, Hingabe, Liebe, Versuchung. So kann dieses Buch werden, was es verspricht: ein Lebensbrevier" (Der Rufer).

„Ein Buch von vielfachem Wert. Es ist eben nicht Theorie, die erst mit Leben zu füllen wäre, sondern ist aus wahrhaftigem Leben geboren" (Dienender Glaube).

Verlag Herder Freiburg · Basel · Wien

Rudolf Stertenbrink im Verlag Herder

Der Himmel öffnet sich auf Erden

Ein modernes Lebensbrevier
2. Auflage, 320 Seiten, gebunden.

Unkonventionelle Betrachtungen voller Anschaulich-
keit und Spannung über das, was jeder Mensch zum
wahren Leben braucht: ein Lebensbrevier, das neuen
Mut schenkt.

„Dieses Lebensbrevier ist ein zuverlässiger Kompaß
von beachtlichem literarischem und spirituellem Niveau. Unerwartete Sentenzen, treffende Anekdoten, er-
hellende Bilder und ein köstlicher Humor treffen Hirn
und Herz und beweisen, daß Wahrheit niemals lang-
weilig ist. Ein Geschenkbuch für Suchende, aber auch
für solche, die Glauben schon gefunden haben" (Deut-
sches Ärzteblatt).

„Der Verfasser geht mit leidenschaftlicher Gelassenheit
an gegen die quälenden Ängste und dunklen Stimmungen, denen viele Menschen heute ausgeliefert sind. Erfahrungen, wie sie jeder erlebt, verblüffend neu gesagt"
(Würzburger Diözesanblatt).

Verlag Herder Freiburg · Basel · Wien